어린이 과학형사대 CSI ①

초판 1쇄 발행 | 2008년 6월 12일
개정판 1쇄 발행 | 2024년 9월 2일

지은이 | 고희정
그린이 | 서용남
감　수 | 곽영직

펴 낸 곳 | (주)가나문화콘텐츠
펴 낸 이 | 김남전
편 집 장 | 유다형
편　　집 | 김아영
디 자 인 | 양란희
마 케 팅 | 정상원 한웅 정용민 김건우
경영관리 | 임종열

출판 등록 | 2002년 2월 15일 제10-2308호
주　　소 | 경기도 고양시 덕양구 호원길 3-2
전　　화 | 02-717-5494(편집부) 02-332-7755(관리부)
팩　　스 | 02-324-9944
홈페이지 | ganapub.com
이 메 일 | ganapub@naver.com

ⓒ 고희정, 2008

ISBN 978-89-5736-439-0　(74400)
　　　978-89-5736-440-6　(세트)

* 책값은 뒤표지에 표시되어 있습니다.
* 이 책의 내용을 재사용하려면 반드시 저작권자와 (주)가나문화콘텐츠 양측의 동의를 얻어야 합니다.
* 잘못된 책은 구입하신 서점에서 바꾸어 드립니다.
* 가나출판사는 (주)가나문화콘텐츠의 출판 브랜드입니다.

- 제조자명 : (주)가나문화콘텐츠
- 주소 및 전화번호 : 경기도 고양시 덕양구 호원길 3-2 / 02-717-5494
- 제조연월 : 2024년 9월 2일
- 제조국명 : 대한민국
- 사용연령 : 4세 이상 어린이 제품

어린이 과학형사대 CSI ①

박춘삼 교장, CSI를 만들다

글 고희정 · 그림 서용남
감수 곽영직

가나

캐릭터 소개

박춘삼 교장
(65세)

- 어린이 형사 학교 교장. 똑똑한 어린이들을 모아 CSI를 만든다. 게으르고 잠꾸러기여서 교장실에서 주로 하는 일은 코 골며 잠자기.

어수선 형사
(33세)

- 박춘삼 교장의 조수 겸 형사. 항상 말 많고 어수선하고 덤벙대서 문제를 잘 일으킨다. 그러나 역시 사건이 터지면 박춘삼 교장과 환상의 콤비로 행동한다.

반달곰(11세)

- 동식물에 대한 지식이 깊다. 행동이 아주 느리지만 순수하고 착한 시골 아이. 곰과 비슷한 정도로 덩치가 크고, 힘도 아주 세서 힘쓸 일은 도맡아 한다.

나혜성(12세)

- 백과사전과 같은 잡학의 달인으로, 특히 우주와 지구에 대해 잘 알고 있다. 얼짱 꽃미남이지만 엄청난 잘난 척과 대단한 이기심을 가진 왕재수.

한영재(11세)

- 물리적 현상에 대한 지식과 기계 다루는 솜씨가 뛰어나다. 이미 고등학교 물리, 수학 문제를 다 풀 정도의 뛰어난 영재. 끈질긴 성격과 대단한 집중력이 있다.

이요리(12세)

- 화학적 현상에 대한 지식이 해박하다. 게다가 무엇이든 실험해 봐야 직성이 풀리는 불굴의 실험 정신을 지니고 있다. 요리를 좋아하고 재능도 많다.

차 례

어린이 과학 형사대 CSI 요원을 찾아라! • 6

사건 1 : 노라바 공원 살인 사건 • 12
  핵심 과학 원리 – 거울
  영재가 들려주는 사건 해결의 열쇠 • 38

사건 2 : 사라진 요리 비법 • 42
  핵심 과학 원리 – 지시약
  요리가 들려주는 사건 해결의 열쇠 • 70

사건 3 : 지리산 살인 사건 • 74
  핵심 과학 원리 – 씨의 특징
  달곰이가 들려주는 사건 해결의 열쇠 • 102

사건 4 : '눈물의 여왕'을 찾아라! • 106
  핵심 과학 원리 – 태양 고도
  혜성이가 들려주는 사건 해결의 열쇠 • 132

사건 5 : 교장 선생님을 구하라! • 134
  핵심 과학 원리 – 지레
  영재가 들려주는 사건 해결의 열쇠 • 156

어린이 과학 형사대 CSI 임명식 • 160

특별 활동 : CSI, 함께 놀며 훈련하다! • 166

찾아보기 • 176

어린이 과학 형사대 CSI 요원을 찾아라!

■ 핵심 과학 원리 – 거울

사건 1
노라바 공원 살인 사건

날카롭게 찢어지는 비명 소리가 온 방 안에 울려 퍼졌다. 그 순간, 뭔가 큰일이 일어났음을 직감한 두 사람. 두 사람의 눈이 날카롭게 마주침과 동시에 어 형사는 '이상한 나라'의 출입구 쪽으로, 박 교장은 비명 소리가 들린 쪽으로 잽싸게 뛰어갔다.

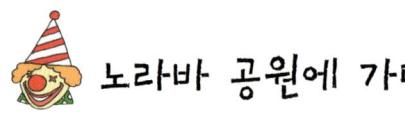 노라바 공원에 가다

"♪신 나는 세상, 즐거운 시간! 여기서 노~라~바~♪."

박춘삼 교장과 어수선 형사가 노라바 공원에 도착했을 때에는 마침 시끌벅적한 노랫소리와 함께 휘황찬란한 행진이 펼쳐지고 있었다.

"쌤, 쌤, 저것 좀 보세요. 진짜 문어같이 생겼죠? 우아, 저 언니 정말 예쁘다. ♪여기서 노~라~바~♪, 여기 분위기 정말 좋다!"

'뭐? 분위기? 지금 이 상황에서 그 말이 나오니?'

박 교장은 부아가 났다. 아직 쌀쌀한 날씨에, 게다가 평일인지라 아이들은커녕 오가는 사람도 별로 없는 황량한 놀이동산. 오히려 온갖 치장 다 하고 나온 행진 연기자들에게 관람객의 한 사람으로서 심심한 사죄의

말씀을 드려야 할 판인데 분위기는 무슨!

'내 이럴 줄 알았다니까……. 호랑이 굴 좋아하네.'

호랑이를 잡으려면 호랑이 굴에 들어가야 한다고, 우리가 원하는 아이를 찾을 수 있는 호랑이 굴은 바로 놀이동산이라고 우겨대는 어 형사의 등쌀에 여기까지 오긴 왔는데, 아이들은커녕 사람들도 별로 없으니, 박 교장은 괜히 왔다는 생각이 물밀 듯이 밀려와 착잡한 심정이 되었다.

그러자 역시 눈치 삼백 단에 코치 삼백 단, 도합 육백 단의 눈치 도사 어 형사. 그새 분위기 파악하고 뭔가 열심히 찾는 척했다.

"가, 가만, 어디 보자……. 똑똑한 애들이 좀 있나?"

그러더니 갑자기 수선스럽게 떠들어댔다.

"어, 저기다, 저기! 쌤, 바로 저기예요!"

어 형사가 가리키는 곳을 쳐다보니, 이런! 이런! 노란 옷에 노란 모자를 쓴 유치원 아이들이 조르르 줄을 지어 놀이 시설 안으로 들어가는 것이 아닌가! 박 교장은 한숨이 절로 나왔다.

"어휴, 유치원 아이들이잖아."

"에이, 그래도 또 알아요? 저 안에 우리가 찾고 있는 진짜 보물이 숨어 있을지……. 한번 들어가 봐요. 네? 쌤~."

하기야 여기까지 왔는데 그냥 갈 수도 없고, 그렇다고 이 휑한 놀이동산에서 뭐 뾰족한 수도 없기에, 박 교장은 어 형사가 가리키는 곳으로 그냥 들어가 보기로 했다.

"'이상한 나라'? 그래. 그럼 가 보지!"

"야호! 이상한 나라에 가면 앨리스를 만날 수 있을까요? 앨리스 나의 앨리스, 요요요~♪."

뭐가 그리 좋은지 음정, 박자 다 무시하고 랩인지 뭔지를 흥얼거리는 어 형사. 그러나 박 교장의 마음은 왠지 점점 무거워지기만 했다.

 이상한 나라

유치원 아이들을 따라 들어간 '이상한 나라'의 첫 번째 방은 '그림자 놀이 방'이었다. 컴컴한 방 안에는 커다란 전구들이 가운데에 늘어서 강한 불빛을 비추고 있어, 그 불빛을 등지고 서서 벽을 보면 움직일 때마다 그 움직임을 따라 하는 그림자가 생기니, 아이들은 재미있어 난리가 났다. 게다가 몇 가지 기이한 모양의 종이 가면이 있어서 가면을 쓰고 불빛 앞에 서면 벽에는 커다란 그림자 괴수가 나타났다.

'음……. 괜찮네. 그림자의 원리를 아주 잘 이용했군.'

박 교장이 방 안을 둘러보며 막 그런 생각을 하고 있을 때 뒤에서 가면을 쓴 어 형사가 또 장난을 쳤다.

"으아~, 난 괴물이다~, 헤헤. 무섭죠? 무섭죠? 쌤도 해 보세요. 진짜 재밌어요."

아, 진짜 어수선한 어수선 형사! 누가 말릴 수 있겠는가!

하지만 박 교장은 기분이 영 내키지 않았다. 아이라고는 유치원 꼬마들이 전부이니 찾고 있는 초등학생, 게다가 과학 형사대에서 맹활약을 할 만한 아이를 찾기는 벌써 틀린 것 같았기 때문이다.

"다음 방으로 가 보지."

"버, 벌써요?"

박 교장은 아쉬워하며 투덜거리는 어 형사를 뒤로 하고 다음 방에 들어가 보았다. 두 번째 방은 온갖 휘황찬란한 무늬로 가득 찬 '만화경 방'이었다. 여러 개의 거울을 이용해 알록달록한 그림과 사람들을 온 방에 가득 차 보이게 하는 신비한 방이었다.

> **만화경이란?**
> 원통 안에 거울을 다각형 모양(보통 삼각형)의 통이 되게 붙이고 알록달록 예쁜 종이나 구슬을 넣은 다음 돌리면서 들여다보는 장난감. 종이나 구슬이 거울에 반사, 또 반사되어 돌릴 때마다 달라지는 화려하고 환상적인 무늬를 만들어 내니 정말 신기하지.

"우아, 예쁘다. 정말 환상적인 방이에요."

뒤따라 들어온 어 형사도 입을 함지박만 하게 벌리며 좋아했다.

"그렇군. 아이들이 좋아할 만하군."

아름다운 방의 모습이 굳어 있던 박 교장의 마음을 조금은 풀어 주었는지, 박 교장도 고개를 끄덕였다.

"그렇다니까요. 제가 말씀드렸잖아요. 이런 데가 딱 아이들이 좋아하는 데라고. 호랑이 굴에 들어가야 호랑이를 잡는다! 분명히 이 안에는 우리가 찾는 바로 그 아이! 그 아이가 있을 것 같은 예감이 팍팍! 제 넓고 넓은 가슴으로 느껴진다니까요, 헤헤헤."

"그럼 좋지. 자, 다음 방으로 가 볼까?"

자신이 한 마디 하면 꼭 열 마디를 하고야 마는 어 형사의 수다를 막기 위해 박 교장은 얼른 발걸음을 재촉했다. 바로 그때였다.

"꺅~!"

날카롭게 찢어지는 비명 소리가 온 방 안에 울려 퍼졌다. 그 순간, 뭔가 큰일이 일어났음을 직감한 두 사람. 두 사람의 눈이 날카롭게 마주침과 동시에 어 형사는 '이상한 나라'의 출입구 쪽으로, 박 교장은 비명 소리가 들린 쪽으로 잽싸게 뛰어갔다.

박 교장이 비명 소리가 난 곳에 도착했을 땐 이미 한 여자가 바닥에 쓰러져 있었다. 출입구를 막고 방으로 돌아온 어 형사가 얼른 살아 있는지를 살폈으나 이미 숨을 거둔 상태. 무엇인가에 머리를 맞고 즉사한 것으로 보였다. 방 안을 둘러보니 사방의 벽면이 거울로 둘러싸인 '거울의 방'. 여기에서 젊고 예쁜 한 여자가 누군가에 의해 살해된 것이다.

'놀이동산에서 살인이라니!'

두 사람의 등줄기에서 진한 식은땀이 솟아올랐다.

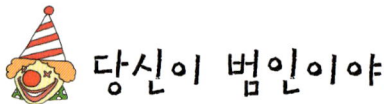 당신이 범인이야!

"안녕하십니까? 노라바 경찰서 노무식입니다."

노라바 경찰서에서 온 노무식 형사가 두 사람에게 깍듯이 경례했다.

"수고하는군. 우리 신경 쓰지 말고 시작하지."

"예. 그럼……."

사건 현장에는 모두 열댓 명의 아이들과 여섯 명의 어른이 있었다. 그중 아이들과 유치원 선생님을 돌려보내고 박 교장과 어 형사를 빼고 나니, 남은 사람은 남자 세 명. 박 교장과 노 형사는 세 사람과 함께 건물 관리실로 옮겨 왔다.

"먼저 왼쪽에 계신 분. 이름하고 나이부터 말씀해 주세요."

"이름은 나순재. 나이는 스물 아홉입니다."

큰 키에 깔끔한 인상, 매서운 눈을 한 청년이 분명한 말투로 말했다.

"나순재 씨, 비명 소리가 들렸을 때 어디에 계셨죠?"

"사건이 난 방의 옆방에 있었어요."

"그래요? 그럼 그때 상황을 자세히 말씀해 주시죠."

"네. 제가 방을 구경하고 있는데 옆방에서 계속 싸우는 소리가 들리는 거예요."

"싸우는 소리요?"

"네. 여자랑 남자인 것 같았는데 계속 싸우더라고요. 그래서 속으로 '이런 데서 싸우다니 정말 교양 없다.'고 생각하고 있었는데, 바로 그 순간 비명 소리가 났어요."

"그래서요?"

"불길한 예감이 들어서 얼른 옆방 출구 쪽으로 가 봤죠. 그랬더니 그

방 입구 쪽으로 누군가 후다닥 뛰어나가더라고요."

누군가를 봤다는 나순재의 말에 모두들 놀라고 긴장한 표정이 되었다. 박 교장이 잔뜩 상기된 표정으로 나순재에게 물었다.

"그래요? 그럼 그 사람의 인상착의는 기억나십니까?"

"정확하게는 잘 못 봤는데요. 보통 어른보다는 키가 훨씬 작고 몸집도 작은 사람이었어요."

"키가 작고 몸집도 작은 사람? 특별히 더 기억나는 건 없습니까?"

"글쎄요. 순간적으로 일어난 일이라 그것까진 잘 못 봤습니다."

바로 그때, 나순재의 옆에 있던 남자가 끼어들며 말했다.

"저, 저도 봤어요."

순간 모두의 시선이 그에게 집중되었다.

"봤다고요? 좋아요. 이름이랑 나이는?"

"이름은 우, 우수운, 나이는 스, 스물한 살이요."

보통 키에 보통 체격, 그리고 조금 어리벙벙한 표정의 청년이 어눌한 말투로 말했다. 노무식 형사가 그에게 시선을 꽂으며 물었다.

"뭘 봤다는 거죠?"

"그 비명 소리가 나기 바로 전, 저는 막 그, 그 방에 들어서고 있, 있었거든요. 그런데 방의 안쪽 거울에 누군가의 모습이 비치는 걸 봐, 봤어요. 그리고 바로 그 순간 비명 소리가 들렸어요."

"그래서 어떻게 했죠?"

"깜짝 노, 놀라서 그대로 뒤돌아서 밖으로 무, 무조건 뛰어나왔어요."

"좋아요. 그럼 거울에 비친 사람의 모습은 어땠나요?"

거울은 어떻게 우리를 깨끗이 비출까?

거울은 투명한 유리의 뒷면에 수은과 다른 금속의 합금인 아말감을 바르고 그 위에 습기를 막는 '연단'이라는 것을 칠해서 만들어. 그래서 물체에서 나온 빛은 유리처럼 통과하지 못하고 거울에서 그대로 반사해 우리 눈에 들어오게 되지. 그 결과 우리는 거울을 통해 우리의 모습을 볼 수 있어.

"키가 아주 작은 사람이었어요."

"음……, 역시 키가 작다!"

노무식 형사가 고개를 끄덕끄덕하더니 남은 한 남자를 빤히 쳐다보았다. 그러자, 모두의 시선이 그 남자에게 쏠렸다.

키가 작고 왜소한 몸집의 남자. 벌겋게 상기된 얼굴에 큰 충격을 받은 듯 얼빠진 표정으로 사시나무 떨듯이 계속 와들와들 떨고 있던 그 남자는 사람들의 시선을 느끼자 크게 당황하며 소리치기 시작했다.

"저, 저는 아니에요. 그때 막 입구로 들어왔어요. 정말이에요."

그의 얼굴이 두려움으로 점점 더 일그러졌다.

"잠깐! 조용히 하세요! 이름하고 나이!"

"나, 난 정말 아니라니까요."

"이름하고 나이!"

노 형사가 짐짓 화난 표정으로 몰아치자 남자는 금세 주눅 든 목소리로 말했다.

"이, 이억만. 나이는 서른한 살……. 진짜예요. 나, 난 그때 막 '이상한 나라' 입구로 들어왔다니까요."

금방이라도 울음을 터뜨릴 것만 같은 얼굴로 자신의 무죄를 주장하는 이억만. 그러나 그를 바라보는 의심의 눈초리는 점점 더 깅해지고 있었다. 바로 그때였다.

"이 아저씨는 범인이 아니에요."

어린아이의 목소리가 들렸다. 모두 소리가 난 쪽을 보자, 언제부터 있었는지 2, 3학년쯤 되어 보이는 남자 아이가 방문 앞에 서 있었다.

"이 아저씨는 저랑 같이 들어온 아저씨예요. 그러니까 이 아저씨는 범인이 아니에요."

그 아이가 똑똑한 목소리로 말했다.

"그럼 내가 잘못 봤다는 거야!"

나순재가 차가운 기운을 뿜으며 아이를 째려보았다.

"그, 그래. 나, 나도 봤는걸. 분명히 키가 자, 작았다고……."

우수운도 거들었다.

"순간적으로 봤다면서요. 그럼 잘못 봤을 수도 있죠."

단호한 아이의 말에 우수운이 발끈하며 말했다.

"무슨 소리! 난 사, 사진사라서 순간적인 움직임도 아주 잘 잡아낼 수 있어. 그, 그리고 한번 본 모습은 절대 잊어버리지 않는다고."

"그럼 사건이 일어난 시각과 이 아저씨가 들어온 시각을 맞춰 보면 되잖아요."

아이도 지지 않고 맞받았다. 순간, 박 교장이 강한 눈빛으로 아이를 쳐다보았다. 방 안에는 팽팽한 긴장감이 감돌았다. 그리고 잠시 후, 그 팽팽한 긴장감을 깬 건 바로 노 형사였다.

"조용, 조용! 꼬마야, 너는 왜 집에 안 갔니? 아까 네 친구들 갈 때 같이 갔어야지."

"전 유치원생 아닌데요."

"그래도 애들은 다 집에 보냈잖아. 그때 갔어야지."

"아무도 가라고 하지 않던데요."

아이답지 않은 분명한 말투에 노 형사는 할 말이 없게 되자 괜히 큰 소리로 호통을 쳤다.

"그럼 지금 빨리 가. 빨리!"

"싫어요. 저도 이 건물에 있었으니까 그냥 용의자로 해 주세요."

"뭐라고?"

이런 황당할 수가! 보통 아이라면 벌써 집에 보내 달라고 울고불고 난리가 났을 텐데, 용의자로 해 달라니! 박 교장의 입가에서 엷은 웃음이 새어 나왔다. 노 형사도 황당함에 할 말을 잃은 듯했다.

그런데 바로 그때, 사건 현장에 남아서 조사를 계속하던 어 형사가 급하게 뛰어 들어오더니 박 교장과 노 형사에게 뭔가 귀엣말을 했다. 어 형사의 말을 들은 노 형사는 이억만을 가리키며 다그치듯 물었다.

"당신! 피해자랑 무슨 사이야?"

"아, 아무 사이도 아니에요. 전 모, 몰라요."

"어서 사실대로 말하는 게 좋을 거야. 피해자 휴대 전화에서 당신 이름하고 당신이랑 찍은 사진 다 나왔어. 당신, 피해자랑 애인 사이잖아."

어 형사가 달래듯 말했다. 그러자 이억만은 갑자기 큰 소리로 울부짖었다.

"그, 그래요. 하지만 죽이진 않았어요. 정말이에요."

"그런데 왜 애인이라는 사실을 숨겼지?"

박 교장도 굳은 표정으로 물었다.

"일부러 숨긴 게 아니라, 너, 너무 무, 무섭고, 당황해서……."

"당신을 김민아를 죽인 용의자로 체포합니다."

노 형사가 단호히 말하고는 아니라며 몸부림치는 이억만을 끌고 나갔다. 그러자 그 모습을 본 아이가 소리쳤다.

"그 아저씨가 아니라니까요! 그 아저씨가 아니에요!"

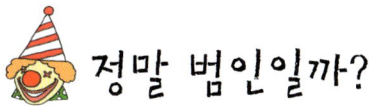 ## 정말 범인일까?

"그 아저씨가 아니라니까요! 그 아저씨가 아니에요!"

학교로 돌아온 박 교장의 귓가에는 내내 아이의 카랑카랑한 목소리가 맴돌았다. 이억만이 피해자 김민아의 애인이라는 사실이 밝혀지고 상황이 급박하게 돌아가면서 아이의 말이 묻히긴 했지만, 그 아이는 끝내 이억만이 범인이 아니라는 주장을 굽히지 않았다.

'왜 그렇게 생각하는 걸까?'

물론 사건 장소가 놀이동산이라 친분이 전혀 없는 사람을 살해할 만한 장소가 아니고 이억만이 김민아와 애인 사이라는 것을 애써 숨기려 했던 것이 좀 걸리긴 하지만, 갑작스런 애인의 죽음에 혹시 범인으로 의심받게 될까 겁나서 그랬다는 이억만의 말에도 일리는 있었다. 게다가 만약 범인이 이억만이라면 자신의 존재가 금방 탄로 날 김민아의 휴대 전화를 사건 현장에 그냥 놔둔 것도 이해할 수 없는 일이었다.

'혹시라도 이억만이 아니라면 누굴까? 나순재? 우수운? 아니면 또 다른 제3의 인물?'

그때 경찰서에서 이억만을 취조하고 돌아온 어 형사가 지친 얼굴로 들어오며 말했다.

"허, 참! 끝까지 아니라는데요."

"아니래?"

"네. 피해자랑 싸우긴 싸웠대요. 그러고는 화가 나서 건물 밖으로 먼저 나갔는데, 따라 나오겠거니 하고 아무리 기다려도 안 나오더라 이거예요. 하는 수 없이 건물 입구로 다시 들어오고 있었는데, 바로 그때 사건이 발생했다는 거죠."

"싸운 이유는?"

"피해자가 한 달 전부터 누가 자꾸 자기 뒤를 따라온다고 헛소리를 하면서 예민하게 굴었대요. 그날도 모처럼 놀이동산에 갔는데 피해자가 자꾸 기분 나쁜 소리를 하니까 이억만이 그만하라고 하고, 그래도 계속 그러고……. 그래서 티격태격 계속 다퉜대요."

"누가 따라온다고?"

"네. 물론 말은 되죠. 싸워서 나갔다가 다시 들어왔다. 그래서 사건 현장에는 없었다. 그런데 그걸 누가 믿어요. 알리바이가 없는데……."

"알리바이가 있긴 있지. 그때 그 아이가 그랬잖아. 자기랑 같이 들어왔다고……."

"그래서 생각해 봤는데요. 그 아이, 혹시 이억만의 조카쯤 되는 거 아닐까요? 삼촌인 이억만을 구하려고 한 거죠."

"조카? 음……. 그럴 수도 있지만 말이야. 알리바이라……."

순간, 박 교장의 머리에 번쩍 스치는 게 있었으니!

"어 형사, 거기 입구나 출구에 CCTV 같은 거 있지 않나?"

"CCTV요? 맞다! 그렇겠다."

이억만이 아니라면?

"어, 있다! 있어요!"

다행히 '이상한 나라'의 출입구에는 CCTV가 설치되어 있었다. 박 교장과 어 형사는 즉시 사건이 일어난 날의 상황을 녹화한 비디오 테이프를 손에 넣었다. 테이프에는 이억만과 김민아가 함께 들어오는 모습과 나중에 이억만이 혼자 들어오는 모습까지 그대로 녹화되어 있었다.

> **CCTV란?**
> 폐회로 텔레비전(closed-circuit television)의 약자야. 텔레비전 카메라와 텔레비전이 연결되어 특정 사람만 볼 수 있게 되어 있는 텔레비전 방식이지. 요즘에는 아파트 현관이나 엘리베이터, 은행, 주차장 등 아주 많은 곳에서 관찰용, 감시용으로 사용되고 있어. 자동 녹화 기능이 있어서 사건이 발생하면 사건 현장에 대한 중요한 단서를 제공하지.

"두 사람이 같이 들어온 시각은 1시 5분. 이억만이 다시 혼자 들어온 시각은 1시 31분. 어 형사, 사건이 일어난 시각은?"

"1시 30분이요."

"1분이라……. 1분 동안 김민아를 죽이고 밖으로 나갔다가 다시 들어온다. 음……. 충분한 시간은 아니군."

"그렇죠. 불가능하다고 봐야죠. 어, 저 아이, 그때 그 아이 맞죠?"

화면에 이억만의 뒤를 따라 들어오는 아이의 모습이 보였다.

"그래. 저 아이의 말이 맞는 거 같군."

"그럼 이억만이 아니라면 누구죠? 나순재? 아님 우수운?"

"글쎄……. 어 형사, 사건 현장에 다시 가 봐야겠어."

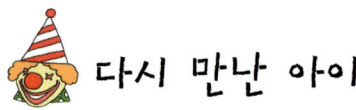 ## 다시 만난 아이

그 아이를 다시 만난 건 다음 날, 박 교장과 어 형사가 사건 현장에 막 도착했을 때였다.

"한 번만요. 한 번만 들어가게 해 주세요."

"안 된다니까. 빨리 가. 안 그러면 정말 혼난다."

그 아이는 출입이 금지된 사건 현장에 한 번만 들어가게 해 달라고 사건 현장을 지키는 경찰에게 생떼를 쓰는 중이었다.

"저 아이를 좀 불러오게."

박 교장이 말하자 어 형사가 아이를 데려왔다. 박 교장이 물었다.

"나를 본 적 있지?"

"네."

"그런데 여기는 웬일이지?"

"저 좀 안에 들어가게 해 주세요."

"안에 들어가면 뭘 하려고?"

그러나 아이는 대답 대신 엉뚱한 질문을 했다.

"이 놀이 시설이 뭘 이용한 건지 아세요?"

박 교장은 짐짓 흥미 있는 듯 물었다.

"글쎄……. 뭘 이용한 건데?"

"이상한 나라는 빛과 거울의 원리를 이용한 시설이에요. 그리고 사건은 거울의 방에서 일어났고요."

"그래. 거울의 방이었지. 그게 이 사건하고 무슨 상관이 있는데?"

이번엔 어 형사가 끼어들었다. 그러자 아이는 또다시 아주 진지하게 그리고 간절하게 부탁했다.

"제가 그 방에 좀 가 보면 안 될까요? 한 번만요. 딱 한 번만 들어가게 해 주세요."

 다시 찾아온 거울의 방

박 교장과 어 형사는 아이와 함께 다시 거울의 방에 들어섰다. 찬찬히 둘러보니 그 방에는 여러 종류의 커다란 거울이 사방의 벽면에 붙어 있었다. 거울 중 일부에는 위에 왕관이나 예쁜 치마 등이 그려져 있어서, 거울에 자기 모습을 비추어 보면 자기 얼굴과 몸이 거울 위에 그려진 그림과 겹쳐 비춰져 마치 왕자나 공주처럼 보이기도 했다.

아이는 한참을 이리 둘러보고 저리 둘러보더니, 커다란 거울 하나를 만지면서 말했다.

"이 거울은 볼록 거울이네요."

"볼록 거울?"

"네. 가운데가 볼록 튀어나온 볼록 거울이에요. 그런데 볼록 거울은 물체를 실제 크기보다 작아 보이게 하거든요."

"그렇지. 잘 알고 있구나! 그런데 그게 사건과 무슨 관계가 있지?"

"나순재 아저씨와 우수운 아저씨는 범인이 키가 아주 작고 몸집도 작은 사람이었다고 말했지만, 만약 범인의 실제 모습이 아닌 이 볼록 거울에 비춰진 모습을 본 것이었다면 실제 범인의 모습은 꼭 키가 작고 몸집도 작은 사람이라고 말할 수는 없겠죠?"

"맞다! 그때 우수운이 입구 쪽에서 거울에 비친 범인의 모습을 봤다고 했잖아요."

어 형사가 아는 척을 하며 말했다.

"하지만 우수운 아저씨가 범인을 봤다는 여기 입구 쪽에서는……. 보세요. 입구 쪽에서 보이는 거울은 오목 거울이에요. 오목 거울로 가까이 있는 사람을 보면 키가 커 보여요. 그리고 나순재 아저씨가 범인을 봤다는 여기 출구 쪽에서는 딱 한 개, 바로 이 볼록 거울만 보이죠."

그러자 박 교장이 천천히 말했다.

"그럼 나순재가 본 범인의 모습은 이 볼록 거울을 통해 본 것이었고, 입구 쪽에서 거울을 통해 키가 작은 사람을 보았다는 우수운의 말은 거짓이라는 말이구나."

"그럼 범인은 우수운이네!"

어 형사도 놀랍다는 듯 말했다.

"그런데 우수운이 김민아를 죽였다는 증거가 없어."

"맞아요. 범행에 사용한 도구도 아직 찾지 못했잖아요."

그러자 아이는 커다란 눈을 반짝이며 말했다.

"그때 우수운 아저씨는 자기가 사진사라고 했죠?"

"그랬지. 맞아! 사진사라서 순간적인 움직임도 아주 잘 잡아낸다고 했지."

"그런데 이상하지 않아요? 사진사인데 왜 카메라를 안 가지고 있었죠? 보통 사진사들은 항상 카메라를 가지고 다니잖아요!"

순간, 박 교장과 어 형사의 눈길이 날카롭게 마주쳤다.

"어 형사, 얼른 CCTV 다시 확인해 봐. 우수운이 들어올 때 카메라 갖고 들어왔는지. 그리고 다른 방들도 샅샅이 뒤져 봐. 카메라 있나."

"네!"

 그 아이, 한영재

한영재. 나이는 열한 살. 빛나리 초등학교 4학년 5반.

실제로는 2, 3학년쯤밖에 안 돼 보이는 작은 키에 비쩍 마른 체구의 영재는 두꺼운 안경 너머로 커다란 눈이 반짝이고 있었다.

"그럼 저 가도 되죠?"

커다란 눈으로 박 교장을 빤히 쳐다보던 영재가 물었다.

"아, 잠깐, 잠깐! 영재야, 궁금한 게 한 가지 있는데, 왜 이런 복잡하고 끔찍한 사건을 파헤치고 싶었지?"

"그냥……. 범인은 밝혀져야 된다고 생각했어요. 그리고 누군지 궁금하기도 했고요."

그러자 박 교장이 크게 웃으며 말했다.

"하하하하. 그래, 그래. 그 마음 나도 알지."

박 교장은 아주 진지한 표정으로 다시 물었다.

"영재야, 혹시 어린이 형사 학교에서 공부하고 싶은 생각은 없니?"

박 교장의 갑작스런 물음에 영재는 아주 단호한 말투로 대답했다.

"없어요."

"왜?"

"……."

"왜, 관심이 없니?"

그러자 이제껏 당당하고 자신감 넘쳐 보였던 영재가 고개를 떨구더니 작은 소리로 말했다.

"전 학교 별로 안 좋아해요."

뜻밖의 대답에 박 교장은 당황했다. 하지만 영재가 학교에 잘 적응하지 못하고 있다는 생각이 들자 괜히 마음이 아팠다. 박 교장은 영재에게 명함을 건네며 부드러운 목소리로 말했다.

"그렇구나. 그래, 난 어린이 형사 학교 교장 박춘삼이다. 내가 어린이 과학 형사대를 모집하고 있단다. 혹시 관심 있으면 부모님께 말씀드리고 여기로 전화하거라. 알았니?"

영재는 박 교장의 명함을 받아 들고는 꾸벅 인사하고 돌아섰다. 박 교장은 점점 멀어져 가는 영재의 뒷모습을 보며 생각했다.

'영재야, 꼭 다시 만나자. 네가 즐겁게 마음껏 배울 수 있는 환경을 만들어 주마.'

 그 아이, 올까요?

박 교장이 막 교장실에 도착하자 어 형사도 한층 흥분된 목소리로 수선을 떨며 들어왔다.

"쌤! 교장 쌤! 자백했어요. 우수운이 다 자백했어요."

"자백했어?"

"네. 뭐 별 수 있겠어요? CCTV 녹화 테이프랑 카메라 내밀면서 따져 묻는데……."

"카메라는 어디 있었는데?"

"옆방 설치물 뒤에 숨겨 놨더라고요. 카메라에 김민아의 핏자국도 발견되었으니, 우수운이 범인인 건 확실하죠."

"다행이군. 우수운은 김민아랑 어떤 관계야?"

"알고 보니 우수운, 김민아 스토커였더라고요. 찾아낸 카메라 보니까 다 김민아 사진이에요."

"그럼 한 달 전부터 누군가가 따라오는 것 같다고 한 김민아 말이 맞았군 그래."

"네. 한 달 전에 김민아가 증명사진 찍으러 우수운의 사진관에 갔는데 그때 보고 한눈에 반했다나 뭐라나. 그때부터 따라다녔대요."

"근데 왜 죽였어?"

"이억만이 화가 나서 나간 사이에 김민아 사진을 몰래 찍다가 김민아에게 딱 걸렸대요. 김민아가 카메라를 뺏으려고 난리난리 쳤나 봐요. 그러다 그만 실수로……."

"그랬군."

"아, 참! 그 아이는요?"

"갔다, 집에……."

"우리 과학 형사대에 들어온대요? 뭐래요?"

궁금해 어쩔 줄 모르는 어 형사. 그러나 박 교장은 알 듯 말 듯한 미소만 지으며 말했다.

"기다려 봐야지. 올 때까지."

영재가 들려주는
사건 해결의 열쇠

'이상한 나라'라는 놀이 시설 안에서 벌어진 끔찍한 살인 사건. 그 사건을 푸는 해결의 열쇠는 바로 빛과 거울이야. 어떻게 빛과 거울이 사건 해결의 열쇠가 될 수 있냐고? 그건 빛이 가지고 있는 조금은 까다롭고 독특한 성질을 알면 아주 간단하게 이해할 수 있지.

💡 빛의 직진

빛의 성질 중 첫 번째가 바로 '빛은 직진한다'는 거야. 맑은 날 창문을 통해 들어오는 햇빛을 봐. 또, 자동차 전조등의 불빛이나 구름 사이로 햇빛이 비치는 모습을 잘 살펴보면 빛이 똑바로 나아간다는 것을 알 수 있어. 좋게 말하면 대쪽같이 곧은 성품을 지녔다고 할 수도 있지만, 솔직히 말하면 좀 융통성이 없다고나 할까? 하여튼 빛은 똑바로 GO! GO! 직진한다 이거지. 이때 알아 두면 좋은 개념 하나! '광원'이라는 말이야. 스스로 빛을 내는 물체를 말해. 태양, 전구, 촛불, 레이저 등을 예로 들 수 있지.

〈빛의 직진〉

그런데 이런 융통성 없는 빛의 성질로 인해 새롭게 등장하는 존재가 있으니, 바로 '그림자'야. 아무리 개성이 강한 빛이라도 모든 물체를 다 통과할 수는 없는 일. 가다 보면 렌즈나 물방울처럼 투명한 물체를 만날 수도 있고, 나무나 사람처럼 불투명한 물체를 만날 수도 있어. 그런데 빛은 대부분 불투명한 물체는 통과해서 직진할 수 없어. 그래서 빛이 통과하지 못하는 불투명한 물체의 모습 그대로 어두운 부분이 생기게 되고, 그게 바로 '그림자'야. 그러니까 빛이 있으면 그림자도 생긴다, 빛과 그림자는 항상 함께 존재하게 된다는 사실! 이것도 꼭 기억해 줘.

〈빛의 반대 방향에 생기는 그림자〉

💡 빛의 반사

그런데 이 융통성 없는 빛이 아주 독특한 행동을 한다는 사실, 혹시 알고 있니? 빛이 물체의 표면에 닿으면 일부는 튀어나오는데, 이런 현상을 '반사'라고 해. 물체의 표면이 매끄러우면 빛이 한 방향으로 반사돼. 특히 거울의 번쩍거리는 표면은 빛을 똑같은 방향으로 반사해. 그리고 그 반사된 빛이 우리 눈에 들어오면 우리는 거울을 통해 우리의 모습을 볼 수 있게 되지. 더 신기한 건 빛이 반사면으로 들어오는 각도(입사각)와 반사되고 난 후 반사면에서 나가는 각도(반사각)의 크기가 항상 같다는 사실. 이걸 좀 유식한 말로 '반사의 법칙'이라고 하지.

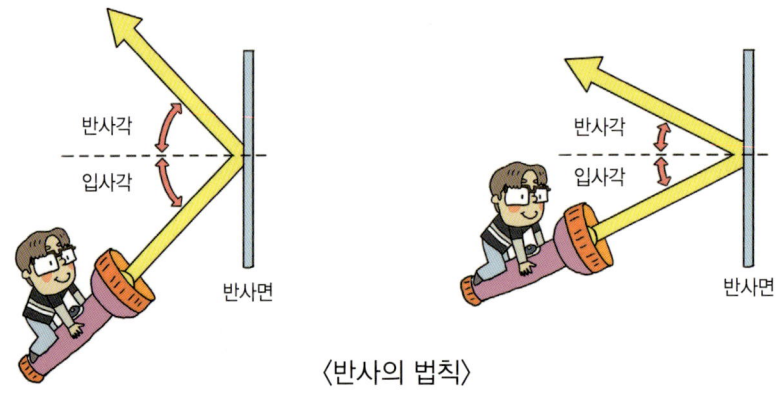

〈반사의 법칙〉

💡 오목 거울과 볼록 거울

그런데 만약 거울이 평평하지 않고 안으로 또는 밖으로 휘어 있다면 어떻게 될까? 우리가 흔히 말하는 오목 거울과 볼록 거울 말이야.

먼저 오목 거울을 살펴보면, 오목 거울에 들어온 빛 역시 반사될 때에는 '반사의 법칙'을 지켜. 그래서 거울의 각 면에 부딪칠 때마다 '반사의 법칙'을 지키다 보면, 결국 반사한 빛이 모두 한 점에 모이게 돼. 그 결과, 물체가 거울과 가까이 있으면 바로 선 채로 커 보여. 치과에 가면 의사 선생님이 "아~ 하세요." 하면서 작은 거울을 입 안에 넣지? 그게 바로 오목 거울

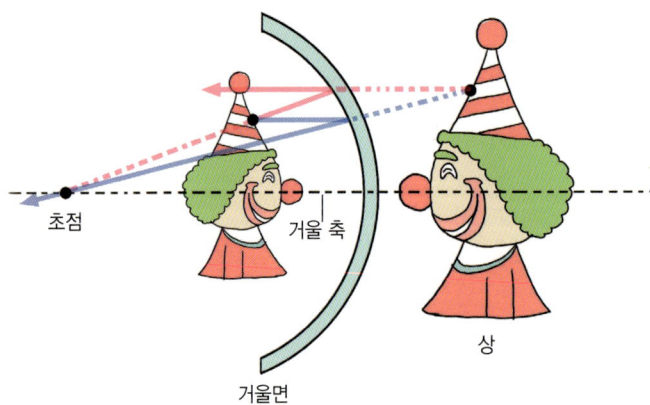

거울 축에 나란히 들어간 빛(파란 선)은 초점을 지나. 초점에서 나온 빛(빨간 선)은 거울 축에 나란히 반사하지. 이 두 빛을 거울면 뒤로 연장하면(점선) 실제 모습보다 크고 바로 선 상이 거울에 보이게 돼.

〈오목 거울에 상이 맺히는 원리〉

이야. 이를 더 크고 자세하게 보여 주거든.

 그럼 볼록 거울은 어떨까? 볼록 거울 역시 거울의 각 면에 부딪친 빛은 '반사의 법칙'에 의해 반사되겠지? 그러다 보니, 볼록 거울은 빛을 다 제각각으로 퍼지게 만들어. 그 결과 물체와 거울의 거리에 상관없이 언제나 물체가 작아 보여. 자동차 도로 중에서 구부러진 도로를 가다 보면 커다란 거울이 서 있는 걸 볼 수 있지? 그게 바로 볼록 거울이야. 자세히 보면 자동차가 실제 크기보다 아주 작게 보이지만 그 대신 넓은 범위를 보여 주지. 이런 성질 때문에 편의점의 감시용 거울이나 자동차 사이드 미러 등 많은 곳에 사용되고 있어.

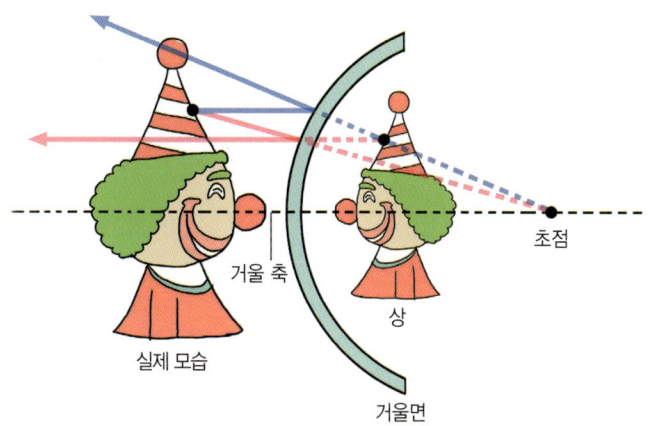

거울 축에 나란히 들어간 빛(파란 선)은 초점에서 나오는 것처럼 반사해. 초점을 향해 들어간 빛(빨간 선)은 거울 축에 나란히 반사하지. 이 두 빛을 거울면 뒤로 연장하면(점선), 실제 모습보다 작고 바로 선 상이 거울에 보이게 돼.

〈볼록 거울에 상이 맺히는 원리〉

 그러니까 잘 생각해 봐. 사건 현장에서 나순재가 범인을 본 거울은 바로 볼록 거울. 그 거울을 통해 본 범인의 모습은 당연히 실제 모습보다 아주 작게 보였겠지? 그러니까 키가 작은 이억만이 꼭 범인일 이유는 없지. 여기에 사건 해결의 열쇠가 있었던 거야. 어때, 이젠 알겠지?

■ 핵심 과학 원리 – 지시약

사라진 요리 비법

"지난 40년 내 요리 인생을 총 정리한, 아무도 흉내 내지 못할 나만의 요리 비법을 담은 문서. 그게 없어졌어요. 나한테는 억만금을 줘도 바꿀 수 없는 정말 귀중한 건데……."

최고의 요리 연구가

"드르렁~ 쿨~푸~, 드르렁~ 쿨~푸~."

박 교장의 코 고는 소리가 교장실 안을 쩌렁쩌렁 울리고 있을 때였다. 쾅 하는 문소리와 함께 어 형사가 허겁지겁 뛰어 들어왔다.

"쌤! 쌤! 빨리요. 빨리 일어나 보세요. 리모컨, 리모컨! 어딨지?"

어 형사의 다급한 목소리에 박 교장은 깜짝 놀라 일어났다. 그리고 큰 사건이 일어났다고 생각하고 물었다.

"사건 났어? 사건?"

그런데 어 형사, 조금 전의 다급했던 모습은 온데간데없고, 갑자기 큰 소리로 웃으며 텔레비전을 켜는 것이 아닌가!

"하하하! 사건은 무슨……. 우리 쌤, 또 꿈꾸셨구나!"

그러더니 채널을 맞추고는 아예 소파에 퍼질러 앉아 버렸다.

'뭐? 텔레비전? 그럼 겨우 그것 때문에 내 꿀맛 같은 단잠을 깨웠단 말이야!'

박 교장은 은근히 부아가 치밀어 올랐다. 그러자 우리의 눈치 빠른 어 형사, 어울리지도 않는 애교를 떨었다.

"아이, 쌤~. 왜 그러셔요. 이게요, '최고의 요리 비법'이라는 요즘 최고로 잘 나가는 프로그램이거든요. 말 그대로 인기 짱! 짱이라니까요. 제가요, 요즘 이걸 하루라도 안 보면 입에 가시가 돋고 속이 거북하고 막 그렇다는 거 아닙니까, 헤헤헤."

어울리지도 않는 애교 작전이지만 그래도 박 교장은 어 형사의 이런 면이 좋았다. 언제나 긴장된 표정으로 딱딱하게 굳어 있는 박 교장에게 실없는 웃음이라도 웃게 만드는 인물이니까.

"보세요. 얼굴 예쁘죠, 요리 솜씨 최고죠. 바로 우리나라 최고의 요리 연구가, 장금이 선생님이십니다~! 짝짝짝!"

'혼자 북 치고 장구 치고 다 하는군.'

박 교장이 속으로 이렇게 생각하며 화면을 보니, 정말 어 형사의 말대로 젊고 예쁜 요리 연구가가 낭랑한 목소리로 오늘의 요리를 소개하고 있었다. 그러나 박 교장은 괜히 트집을 잡고 싶어졌다.

"예쁘긴……. 그냥 뭐 그러네. 그리고 우리나라 최고의 요리 연구가? 우리나라 최고는 김장녀 선생이지. 무슨……."

"아이, 그분은 이미 지는 해죠. 지는 해!"

"뭐, 지는 해? 김장녀가?"

어 형사의 말을 들으니 박 교장은 김장녀의 얼굴이 떠올랐다. 현재 우리나라 최고의 한식 요리 연구가이며, 특히 김치에 있어서는 누구도 따라올 수 없는 실력을 지닌 김장녀. 그리고 박 교장과 초등학교 동창인 김장녀. 어렸을 때부터 자기가 제일 예쁜 줄 알던 왕 공주병 친구. 그런데 어느덧 '지는 해'라는 소리를 듣다니! 박 교장은 세월이 무상하다는 생각에 쓴웃음이 나왔다. 그런데 바로 그때,

"띠리~ 띠리리리, 띠리~ 띠리리리~."

박 교장의 휴대 전화가 울렸다. 박 교장이 전화를 받으니 낯익은 음색의 여자 목소리가 들렸다.

"춘삼이니? 나야, 김장녀."

방금 생각하던 그녀. 김장녀가 전화를 한 것이었다.

 사라진 요리 비법

박 교장과 어 형사가 김장녀의 집에 도착하자, 그녀는 언제나처럼 한껏 치장한 화사한 모습으로 둘을 맞았다.

"어머나! 빨리 왔네. 미안하다. 바쁜데 불러서……."

"아니야. 오늘은 괜찮아. 이쪽은 나랑 같이 일하는 어수선 형사."

그러자 김장녀는 높은 콧소리를 내며 호들갑스럽게 인사를 했다.

"어머나! 젊고 잘생긴 분이 형사시네. 호호호. 자, 들어오세요."

'이게 무슨 소리! 형사는 젊고 잘생기면 안 된다는 말이라도 있나? 그리고 어 형사가 잘생겼다고? 눈도 참…….'

박 교장은 괜히 기분이 상했다. 그러나 어 형사는 잘생겼다는 말에 신이 났는지 엄청 형사티를 내며 물었다.

"그런데 뭐가 없어졌다는 거죠? 좀 자세히 말씀해 주시죠."

그러자 김장녀는 지금까지의 환한 표정은 온데간데없이 금세 침통한 표정이 되어 말했다.

"내 요리 비법이 없어졌어요."

"요리 비법이요?"

"지난 40년 내 요리 인생을 총 정리한, 아무도 흉내 내지 못할 나만의 요리 비법을 담은 문서. 그게 없어졌어요. 나한테는 억만금을 줘도 바꿀 수 없는 정말 귀중한 건데……."

"저런! 어디에 두셨는데요?"

사라진 요리 비법

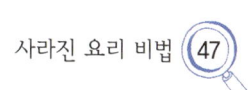

"당연히 비밀 금고에 넣어 뒀죠. 어제 오후까지는 분명히 있었는데 오늘 아침에 보니 없어져 버린 거예요."

"아유, 얼마나 마음이 아프시겠어요!"

어 형사가 성격 좋게 김장녀를 위로했다.

"컴퓨터에 저장해 둔 게 있을 거 아냐. 그것도 없어졌어?"

박 교장이 묻자, 김장녀는 더 슬픈 표정을 지으며 말했다.

"없어. 창피하지만 내가 컴맹이잖니. 요리 연구하느라 컴퓨터 배울 시간이 있었어야지. 그래서 지난 3년 동안 다 손으로 써서 만든 건데……."

"그럼 얼른 경찰에 신고를 해야지."

"너도 알잖니, 내가 시끄러운 거 싫어하는 거. 경찰들 왔다 갔다 하는 거 보기에도 안 좋고……. 그리고 너만 한 형사가 없잖니, 이 대한민국에. 네가 수사한 다음에 범인 잡아서 경찰에 넘기면 되잖아."

대한민국 최고의 형사라! 물론 입에 발린 칭찬인 줄은 알지만 그래도 박 교장은 기분이 좋았다. 괜히 어깨가 펴지고 힘이 불쑥 솟는 것 같았다. 그래서 박 교장은 벌떡 일어나며 자신 있는 말투로 말했다.

"좋아! 내가 찾아 주지!"

서재와 비밀 금고

박 교장과 어 형사는 비밀 금고가 있다는 김장녀의 서재로 들어갔다.

사라진 요리 비법

"어 형사, 밖에서 들어온 흔적부터 찾아보자고."

박 교장과 어 형사는 서재를 여기저기 꼼꼼히 둘러보았다. 문을 열고 들어오자마자 보이는 벽면에는 각종 상장과 김장녀의 사진이 하나 가득 붙어 있고, 한쪽 벽면에 세워진 책장에는 세계 여러 나라의 요리 책들이 가득 채워져 있었다. 방 안에는 커다란 책상이 하나 있었는데, 그 위에 놓인 연필꽂이에는 멋들어진 깃털이 달린 펜이 여러 개 꽂혀 있었다. 그러나 창문이나 다른 어느 곳에도 밖에서 들어온 흔적은 찾을 수 없었다.

"그런데 비밀 금고는 어디 있지?"

"어, 금, 금고. 여기. 여기 있어."

김장녀가 가리킨 곳은 책상의 왼쪽 밑. 두꺼운 파일이 두세 권쯤 들어갈 만해 보이는 자그마한 금고였다. 박 교장이 금고 문을 열자 김장녀의 말대로 금고는 텅 비어 있었다.

"창문으로 출입한 흔적도 없고, 금고도 멀쩡하다. 그럼 범인은 방문으로 들어와 비밀 번호를 누르고 금고 문을 열었다는 건데……."

박 교장이 나름대로 추리를 시작하자, 어 형사도 거들었다.

"두 가지 추리가 가능하겠네요. 전문 금고 털이거나 김장녀 선생님에 대해 잘 아는 사람이거나! 그런데 전문 금고 털이가 값나가는 물건 다 놔두고 요리 비법을 훔치는 건 좀 이해가 안 되네요. 뭐에 쓰겠다고……. 혹시 잘 아는 사람 중에 짚이는 사람 없으세요?"

그러자 김장녀가 약간 머뭇거리면서 말을 꺼냈다.

"저……. 사실 좀 짚이는 사람이 있긴 한데…….."

"그래? 누군데?"

"일단 거실에 가서 얘기하자."

세 사람은 서재에서 나왔다. 거실에는 한 여자가 서 있었다. 김장녀는 집에 같이 사는 제자라며 그녀를 박 교장과 어 형사에게 소개시켰다.

"내 제자야, 김양순. 김양순 선생, 인사해."

"아, 안녕하세요?"

이름처럼 참하고 순하게 생긴 아가씨였다. 워낙 숫기가 없어서 그런지 박 교장과 어 형사를 똑바로 쳐다보지도 못했다.

"양순아, 어제 있었던 일 그대로, 그대로 말씀드려. 알았지?"

"네…….."

"긴장할 거 없어요. 그냥 있었던 일 그대로만 말해 주면 돼요."

어 형사가 거들었다. 그러자 김양순이 천천히 입을 열었다.

"어제 오후 5시쯤이었어요. 선생님께서 나가신지 한 10분쯤 지났을 때 장금이 선생님께서 오셨어요."

"뭐? 장금이 선생님?"

어 형사가 놀라서 되물었다.

"그 '최고의 요리 비법' 하시는 장금이 선생님이요?"

"네. 선생님께서 책 가져가라고 하셔서 왔다고……. 그러고는 서재로 들어가셨어요."

김장녀가 옆에서 김양순의 말을 거들었다.

"내가 금이에게 프랑스에서 선물로 사 온 요리 책을 준다고 했거든. 그런데 대학 동창이 급하게 좀 만나자고 전화를 했어. 그래서 난 밖으로 나갔다 들어왔고 그 사이에 금이가 온 거지."

"그럼 김양순 선생님도 서재로 같이 들어갔나요?"

"아니요. 전 요리 재료 살 게 있어서 요 앞 슈퍼에 갔다 왔어요."

"슈퍼에……. 그 시간이 어느 정도 됐지요?"

박 교장이 물었다.

"한 30분 정도요."

"그런데 나갔다 왔더니 비밀 문서가 없어졌더라!"

"아니요. 비밀 문서가 없어진 건 몰랐어요. 서재에 안 들어가 봤거든

요. 그런데 장금이 선생님은 벌써 가셨더라고요."

"그럼 문서가 없어진 걸 처음 안 사람은 누구죠?"

"나야. 오늘 아침 먹고 서재에 들어갔더니 금고가 열려 있고 문서가 없는 거야. 얼마나 깜짝 놀랐던지……."

김장녀는 그때의 기분이 다시금 생각나는지 가슴을 쓸어내렸다. 박 교장이 다시 김장녀에게 물었다.

"좋아. 그런데 말이야, 그렇다고 장금이 선생이 가져갔다고 단정할 수는 없지 않나?"

"그 금고 비밀 번호, 내 통장 비밀 번호랑 똑같거든. 그리고 그걸 아는 사람은 나랑 장금이 선생 둘뿐이고……."

"왜 장금이 선생님이 통장 비밀 번호를 알고 있죠?"

어 형사가 물었다.

"내가 바쁠 때 가끔 은행 심부름을 해 줬거든요."

"그렇군. 장금이 선생이라……."

박 교장이 고개를 끄덕였다. 그러자 갑자기 김장녀가 머리를 감싸 쥐며 괴로운 듯 말했다.

"아니야. 아닐 거야. 내가 금이를 얼마나 예뻐했는데! 걔가 하는 거 내가 다 가르쳐 준 거야. 그뿐이니? 텔레비전에도 나가게 해 주고 여기저기 이름도 알려지게 내가 밀어 줬거든. 요리 비법을 가르쳐 달라고 조르긴 했지만 설마 그럴 리가 있겠니? 그래! 정말 아닐 거야."

박 교장은 갑자기 마음이 쓰려 왔다. 자신이 믿고 아끼는 제자에게 자신의 일생이 담긴 문서를 도둑맞은 마음. 그 마음이 어떨까? 그럼에도 그녀가 아니라고 믿고 싶어 한다. 박 교장은 꼭 범인을 찾아내 김장녀의 슬픔을 덜어 주고 싶은 마음이 불끈불끈 솟아올랐다. 마치 어릴 적 그녀를 놀려대는 남자 아이들에게 주먹을 날리고 나서 그녀에게 들었던 칭찬을 다시 듣고 싶은 마음, 바로 그런 마음이었다.

누가 범인일까?

"둘 중에 누가 범인일까요?"
차를 타자마자 어 형사가 물었다.
"둘 중에? 누구랑 누구?"
"장금이 선생님과 김양순 선생님이죠."
"김양순?"
"네. 사실 김양순이 훔치고 장금이 선생님한테 뒤집어씌웠을 수도 있잖아요. 김장녀 선생님 댁에서 살고 있으니 비밀 문서 만드는 것도 알고, 어디에 숨겨 뒀는지도 알았을 거 아니에요."
"물론 그럴 수도 있겠지. 하지만 김장녀 선생은 김양순을 전혀 의심하고 있지 않던데……."
"아이 참, 원래 믿는 도끼에 발등 찍힌다니까요."

"그렇게 말하면 장금이도 김장녀한테는 믿는 도끼였지. 통장 비밀 번호까지 가르쳐 줄 정도였으니까……."

"그건 또 그러네요. 그런데 그 요리 비법인지 뭔지가 그렇게 중요한 거예요? 우리까지 부르게. 그냥 다시 쓰면 되지."

"요리 연구가에게 요리 비법보다 더 중요한 게 또 뭐가 있겠어?"

박 교장은 아까 김장녀의 속상해 하던 모습을 다시 떠올렸다. 하지만 어 형사는 막무가내로 장금이를 두둔하고 나섰다.

"쌤도 아까 장금이 선생님 봤죠? 천사같이 생겼잖아요. 그런 사람이 스승님의 비법을 훔칠 생각을 하겠어요? 그리고 김장녀 선생님은 전통 한식 전문이지만, 장금이 선생님은 퓨전 한식 전문이거든요."

"그게 뭐 다른가? 한식이면 다 똑같지."

"아이, 무슨 말씀! 전통과 퓨전. 당연히 다르죠. 하여간 장금이 선생님은 절대 아닐 거예요. 절대!"

"그거야 만나 보면 알겠지."

그러자 어 형사가 좋아서 펄쩍 뛰며 말했다.

"만나요? 장금이 선생님을요?"

장금이를 만나다

'장금이 쿠킹 스튜디오'

박 교장과 어 형사가 가는 길에 전화를 하고 가긴 했지만 자신의 일과 전혀 관계가 없는 형사들의 방문에 조금은 당황한 표정의 장금이. 텔레비전에서 보는 것보다 훨씬 어리고 예뻐 보였다.

"죄송합니다. 바쁘실 텐데……."

박 교장이 예의를 갖춰 인사를 하자 장금이도 환한 미소를 지으며 얼른 인사를 했다.

"아, 예. 괜찮아요. 어서 들어오세요."

장금이는 진한 국화 향이 나는 국화차를 정갈한 잔에 담아 내왔다.

"선생님 일이라고 하셨죠? 혹시 선생님께 무슨 일이 생겼나요?"

걱정스런 표정으로 묻는 장금이를 보니 박 교장은 순간 고민이 되기 시작했다.

'요점만 바로 물어볼 것인가, 아님 살짝 말을 돌려 떠볼 것인가. 그래! 정공법으로 가자!'

"김장녀 선생의 비밀 문서가 도난당했습니다."

"비밀 문서요?"

장금이가 깜짝 놀라며 물었다.

"네. 김장녀 선생이 자신만의 요리 비법을 써 놓은 문서라고 하는데, 어제 오후에서 오늘

아침 사이에 없어졌다는군요."

"아유, 이를 어째……. 선생님께서 상심이 크시겠네."

장금이가 걱정스러운 표정을 지으며 안타까워했다.

"그런데 어제 오후 5시쯤 김장녀 선생 집에 갔었다고 하던데?"

"예. 선생님께서 책을 가져가라고 하셔서……. 어머나, 그럼 지금 저를 의심하시는 거예요?"

장금이가 깜짝 놀라 물었다. 그러자 어 형사가 얼른 둘러댔다.

"아유, 아니에요, 선생님. 그냥 어제 왔다 가셨다고 하기에 혹시 뭐 보신 게 있나 해서요."

"그, 글쎄요. 갔더니 선생님께서 안 계시더라고요. 급하게 볼일이 있어서 나가셨다고. 웬만하면 전화를 주셨을 텐데 전화도 없이 나가셨다기에 정말 급한 일인가 보다 했죠. 그래서 그냥 가려고 했더니 김양순 선생이 서재 책상 위에 책이 있으니 가져가라고 하셨다고……. 그래서 서재에 가서 책을 가지고 왔어요."

"그 시간이 어느 정도 됐죠?"

"글쎄요. 한 5분? 10분?"

"책상 위에 있는 책을 가지고 나오는 데 그렇게 오래 걸렸나요?"

박 교장이 날카롭게 물었다.

"책상 위를 보니까 책이 없더라고요. 그래서 혹시 책장에 있나 싶어 찾아봤죠. 그런데 나중에 보니까 책상 밑, 금고 위에 있더라고요."

"금고 위요?"

"네. 선생님께서 비밀 문서 같은 거 넣어 두시는 금고가 있거든요. 아, 맞다! 그럼 그 문서도 거기에 넣어 두셨을 텐데……."

금고에 관한 얘기가 나오자 박 교장은 날카로운 눈빛으로 장금이를 살피며 물었다.

"그럼 책을 찾고 나서는 어떻게 했나요?"

"서재에서 나왔더니 김양순 선생이 없더라고요. 그래서 그냥 왔죠."

"좋아요. 그럼 혹시 그 금고의 비밀 번호를 알고 계십니까?"

"아유, 그걸 제가 어떻게 알겠어요."

장금이는 말도 안 된다는 듯 손을 내저으며 말했다.

"그럼 그건 알고 계시죠? 김장녀 선생의 통장 비밀 번호."

"그건 알죠. 선생님 은행 심부름은 다 제가 했거든요. 가, 가만! 그, 그럼 금고의 비밀 번호가 통장 비밀 번호랑 같았나요?"

장금이의 얼굴이 갑자기 어두워졌다. 박 교장은 장금이의 표정 변화를 유심히 살피며 힘주어 말했다.

"네. 그리고 그 번호를 아는 사람은 김장녀 선생과 장금이 선생, 딱 둘뿐이죠."

그러자 장금이는 몹시 당황하며 말했다.

"그, 그럼 지금 저를! 저를 의심하는 거 맞네요. 아니에요. 제가 어떻게 선생님 것을……. 정말이에요. 아니에요."

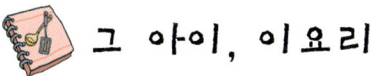 그 아이, 이요리

그때였다.

"이모! 이모! 요리 왔어요."

팽팽한 긴장감을 깨고 초등학교 4, 5학년쯤 되어 보이는 여자 아이가 활짝 웃는 얼굴로 뛰어 들어왔다. 그러다가 굳은 표정으로 앉아 있는 세 사람을 보고는 멈칫하더니 꾸벅 인사를 했다.

"아, 안녕하세요?"

그러자 장금이가 갑자기 소리쳤다.

"맞다! 요리야! 네가 나랑 같이 갔었지? 얘가 저랑 같이 갔었어요, 김장녀 선생님 댁에. 그렇지, 요리야?"

장금이의 다급한 말투에 아이는 당황한 표정으로 대답했다.

"네, 갔었어요. 어제……."

"그래? 그런데 왜 김양순 선생은 아무 말도 안 했죠? 아이가 같이 왔었다고……."

어 형사가 의문을 제기했다.

"그러게 말이야."

박 교장도 그 점이 이상하다고 생각했다. 그래서 아이에게 물었다.

"네 이름이 뭐니?"

"이요리예요."

"요리야, 어제 김장녀 선생 집에 갔던 일, 그대로 얘기해 주겠니?"
요리는 장금이의 옆자리에 앉아 이야기를 시작했다.
"어제 이모가 김장녀 선생님 댁에 가신다고 해서 같이 가게 해 달라고 졸랐어요."
"왜?"
장금이가 끼어들었다.
"아, 얘는 제 친구 딸인데요. 워낙 요리하는 걸 좋아해서 어렸을 때부터 제가 요리를 가르쳐 주었어요. 또, 여기 스튜디오에도 자주 놀러 오고, 그래서 제가 친딸처럼 생각하는 아이거든요."
"제 꿈은 우리나라 최고의 요리 연구가가 되는 거예요. 그래서 현재 우리나라 최고의 요리 연구가이신 김장녀 선생님을 꼭 한 번 뵙고 싶었거든요. 그런데 갔더니 안 계시더라고요."
요리가 실망했다는 투로 말했다.
"그래. 그럼 들어갔을 때부터 차례대로 말해 보렴."
"들어갔더니 어떤 언니가 선생님 안 계시다고, 그리고 책은 서재 책상 위에 있다고 했어요. 그래서 이모랑 같이 서재에 들어갔는데 책상 위에 책이 없는 거예요. 이모가 책을 찾는 동안 저는 방 안을 구경했어요."
"그 시간이 몇 분 정도 됐지?"
"한 7, 8분 정도? 그리고 이모가 책을 찾았다고 가자고 하셔서 나왔더니 아무도 없더라고요. 그래서 그냥 왔어요."

"장금이 선생님이 말한 내용과 거의 같은데요."

어 형사가 박 교장을 보며 말했다. 박 교장도 고개를 끄덕였다. 그런데 바로 그때, 뭔가 생각난 듯 요리가 말했다.

"맞다! 그런데 좀 이상한 게 있었어요."

"이상한 거?"

세 사람이 동시에 소리쳤다.

"네. 방 안에 들어가 보니 시큼한 냄새가 났어요."

"시큼한 냄새?"

"네. 제가 냄새를 좀 잘 맡거든요. 헤헤. 친구들이 개코라고 불러요. 그래서 어디서 나는 냄샌가 찾아봤더니 책상 위에 레몬즙이 담긴 잉크병들이 있었어요. 많이."

박 교장은 좀 이상하다는 생각이 들었다.

'레몬즙을 왜 하필 잉크병에 담아 두었을까? 그러고 보니 책상 위에 있었던 것 같기도 하고…….'

박 교장은 순간, 김장녀의 책상 위에서 보았던 깃털 날린 펜이 떠올랐다. 그때였다. 요리가 또 뭔가가 생각난 듯 말했다.

"아, 그리고 또 한 가지!"

"또 한 가지?"

"네. 책장에 꽂힌 책을 쭉 둘러보고 있는데 거기에 아주 예쁘고 고급스러운 파일이 하나 있었어요. 그래서 무슨 파일인가 궁금해서 꺼내 봤는데, 아무것도 안 쓰인 종이가 잔뜩 끼워져 있는 거예요. 조금 쭈글쭈글 구겨져 있었는데 거기에서도 시큼한 냄새가 났어요."

"아무것도 안 쓰인 파일이면 아니지. 요리 비법이 씌어 있어야……."

어 형사가 별것 아니란 듯 말했다. 그러자 요리는 뭔가 생각난 듯 갑자기 물었다.

"아저씨! 제가 거기 좀 가 보면 안 될까요? 짐작되는 게 있어서 그래요."

"좋아. 같이 가 보지."

박 교장이 흔쾌히 허락하자 요리가 벌떡 일어나며 말했다.

"그럼 잠깐만 기다려 주세요. 준비할 게 있거든요. 이모, 자주색 양배추 있어요?"

> **자주색 양배추**
>
> 양배추에는 흰 양배추도 있고 자주색 양배추도 있어. 자주색 양배추에는 '안토시안'이라는 붉은 색소가 들어 있어. 이 색소는 장미꽃, 포도, 피튜니아, 가지 등에 들어 있지. 안토시안은 만나는 용액에 따라 색이 달라지는 특징이 있어.

다시 간 사건 현장

박 교장과 어 형사, 장금이와 이요리. 이렇게 넷이 김장녀의 집에 도착했다. 처음 박 교장과 어 형사를 보고 반기던 김장녀는 장금이를 보더니 멈칫, 냉랭한 표정이 되었다. 그러고는 요리를 가리키며 물었다.

"얘는 누구니?"

"어, 어제 장금이 선생이랑 같이 온 애래."

박 교장이 대신 대답했다.

"같이 온 애?"

김장녀는 당황하는 눈치였다. 어 형사가 그걸 놓치지 않고 물었다.

"그런데 왜 김양순 선생님은 장금이 선생님이 이 아이와 같이 왔다는 말을 하지 않았을까요?"

"그, 그러게 말이에요. 왜 말을 안 했지? 이상한 애네……."

"김양순 선생 좀 다시 볼 수 있을까?"

박 교장이 물었다. 김장녀가 김양순을 부르자 듣고 있었는지 김양순이 사색이 되어 나타났다.

"왜 아이가 같이 왔었다는 걸 말하지 않았죠?"

"그, 그건……. 주, 중요한 거 같지 않아서……."

그녀는 덜덜 떨기 시작했다. 박 교장이 벌떡 일어나며 말했다.

"좋아. 서재에 좀 가 보지."

서재에 들어서자 미세하게 시큼한 냄새가 났다. 하루 이틀이 아닌 오랫동안 밴 냄새 같았다.

"흠흠. 정말 시큼한 냄새가 나네. 아까는 왜 못 맡았지?"

어 형사가 말하자 박 교장이 요리를 보며 물었다.

"요리야, 그 파일이 어디 있지?"

"파일? 무슨 파일?"

요리가 대답도 하기 전에 김장녀가 놀라며 물었다.

"여기요. 이거예요."

요리가 얼른 파일을 찾아 박 교장에게 내밀자, 김장녀가 잽싸게 파일을 뺏으며 말했다.

"이, 이건 아무것도 안 쓴 거야. 그냥 빈 종이라고!"

"그래? 그럼 한번 보지."

박 교장이 김장녀에게서 파일을 빼앗아 표지를 열었다. 정말 아무것도 안 쓰인 종이가 잔뜩 끼워져 있었다. 그리고 요리 말대로 조금씩 쭈글쭈글하고 시큼한 냄새가 났다.

"거 봐. 아무것도 없잖아."

김장녀가 박 교장의 눈치를 살피며 말했다. 그러나 박 교장은 파일을 요리에게 내밀며 말했다.

"요리야, 한번 해 보렴."

요리가 가져온 자줏빛 액체를 꺼내자 김장녀는 다급히 소리를 질렀다.

"지금 뭐 하는 거야? 지금!"

그러자 어 형사가 김장녀를 막고, 그 사이에 요리가 얼른 가져온 액체를 종이 위에 발랐다. 그런데 이게 어찌 된 일인가? 하얀 종이 위에 자줏빛 액체가 스며들자마자 빨간색 글씨가 천천히 나타나는 것이 아닌가!

'김장녀의 요리 비법'

"자, 잘못했어요. 서, 선생님이 시키는 대로 하라고 하셔서……. 저, 전 정말 시키는 대로만 했어요."

김양순이 떨리는 목소리로 울부짖었다. 그러자 김장녀는 냅다 파일을 뺏더니 고래고래 소리를 지르기 시작했다.

"안 돼! 아무도 날 따라올 수 없어. 내가 최고라고! 내가!"

요리의 꿈은 최고의 요리 연구가

"김장녀 선생님이 왜 그랬을까요?"

"지는 해가 되기 싫고 불안했겠지. 어렸을 때부터 언제, 어디서나 최고 대접을 받아야만 속이 풀리는 친구였으니까."

"그렇다고 아끼던 제자를 범인으로 몰아요?"

결국 장금이를 시기한 김장녀의 자작극으로 끝나 버린 사건. 박 교장은 쓸쓸한 마음이 들었다.

"그런데 요리야, 너 정말 대단하다. 그걸 어떻게 알아냈니?"

어 형사가 요리에게 물었다. 장금이가 김장녀를 위로한다고 그 집에 남자, 박 교장과 어 형사가 요리를 집까지 데려다 주기로 한 것이었다.

"종이에서 나는 시큼한 냄새는 산성 물질이 묻어 있어서라고 생각했어요. 산성 물질인지 염기성 물질인지를 확인하려면 지시약을 쓰면 되죠. 자주색 양배추 잎에 물을 붓고 끓여서 식힌 다음 거르면 지시약이 돼요. 자주색 양배추 지시약을 묻혔을 때 붉게 변하면 산성 물질이에요."

요리가 또박또박 원리를 설명하자, 어 형사도 아는 척을 했다.

"아이, 그거야 나도 알지. 그런데 어떻게 레몬즙으로 썼을 거라고 생각했냐고?"

> **지시약은 누가 처음 발견했을까?**
>
> 지시약을 처음 발견한 사람은 아일랜드의 화학자인 보일이야. 어느 날 보일이 실험을 하다가 황산이 제비꽃에 묻었는데, 보라색이던 제비꽃 꽃잎이 빨갛게 변했대. 보일이 놀라서 제비꽃에 다른 산성 용액을 떨어뜨렸더니, 역시 꽃잎은 빨갛게 변했지. 보일은 생각을 더 발전시켜서 제비꽃의 꽃잎 색을 우려내어 그 물에 각종 용액을 떨어뜨려 보기도 했어. 그리고 튤립, 자스민 등의 식물로도 같은 실험을 한 끝에, 용액이 산성인지 염기성인지에 따라 그 색깔이 변하는 것을 확인해서 지시약을 만들었어.

"아, 그거요! 친구들이랑 레몬즙 비밀 편지 같은 거 보낸 적이 있거든요. 받으면 아무것도 안 씌어 있는 것처럼 보이지만 지시약을 묻히면 볼 수 있는 비밀 편지. 그래서 그랬는지 그 파일을 보는 순간, 비밀 편지가 생각나더라고요."

"와, 요즘 아이들은 그런 거 하고 노냐? 똑똑하네!"

그러자 박 교장이 물었다.

"그래. 그런데 어떻게 물질에 대해 그렇게 자세히 알게 됐지?"

요리는 진지한 표정으로 대답했다.

"요리랑 물질을 탐구하는 화학은 아주 밀접한 관련이 있어요. 왜 생선 요리에 레몬즙을 뿌리는지 아세요?"

"생선에 레몬즙? 아! 그 생선 위에 올려놓은 레몬이 뿌려 먹으라고 주는 거였어? 모양내려고 놓은 게 아니라?"

어 형사의 황당한 물음에 요리가 재미있다는 듯 웃으며 대답했다.

"호호호. 모양도 모양이지만 시간이 지나면 생선에서 비린내를 풍기는 염기성 물질이 생기거든요. 그러니까 생선에 산성인 레몬즙을 뿌려 주면 중화가 돼서 비린내가 없어져요."

"우아, 그렇게 깊은 뜻이! 그러고 보니 너 화학 박사구나! 요리야, 혹시 '어린이 형사 학교'라고 들어 봤니? 우리 학교에서 과학 형사대를 모집하거든. 너 거기 들어와라, 응? 오빠가 잘해 줄게~."

어 형사가 오빠라는 말도 안 되는 소리를 하며 요리의 마음을 떠보았다. 그러나 요리는 단호하게 잘라 말했다.

"죄송해요. 제 꿈은 우리나라, 아니 세계 최고의 요리 연구가가 되는 거예요."

"그래. 갑작스런 제안에 당황했겠구나. 지금 당장 대답하지 않아도 돼. 한번 생각해 보렴."

박 교장이 말했다.

"맞아, 맞아. 천천히 생각해 보라고. 아, 그럼 심심할 때 한번 구경

> **중화를 주변에서 이용하는 다른 예는?**
>
> '중화'란 산성 물질과 염기성 물질이 섞여 산성도 아니고 염기성도 아닌 중간의 성질, 즉 중성을 띠는 거야. 화학 비료를 너무 많이 써서 산성화된 땅에 염기성 물질인 석회를 뿌리는 것, 벌침에 쏘였을 때 산성인 벌침의 독소를 중화하려고 염기성인 암모니아수를 바르는 것 등이 일상생활에서 중화를 이용하는 예라고 할 수 있지.

와. 이 오빠가 재밌게 구경시켜 줄 테니까."

"정말요? 그럼 갈게요. 꼭 갈게요, 헤헤."

박 교장은 또 한 명의 재능 있는 아이를 발견한 기쁨에 흐뭇한 미소를 지었다.

요리가 들려주는
사건 해결의 열쇠

'사라진 요리 비법' 사건을 해결하는 열쇠는 바로 용액의 성질을 이용하는 거야. '용액'이란 두 가지 이상의 물질이 섞여 있는 혼합물을 말해. 용액은 대부분 액체야. 용액은 저마다 독특한 성질이 있지. 그리고 이 성질을 잘 이용하면 안 보이던 것을 보이게 만드는 놀라운 마술을 부릴 수도 있어.

💡 산성과 염기성, 그리고 중성

먼저 우리 주변을 한번 둘러봐. 설탕물, 소금물, 비눗물, 식초, 탄산음료, 우유 등 아주 많은 용액들이 있지. 그리고 그 용액들은 저마다 색깔도 다르고 냄새도 다르고 끈적임도 달라. 이처럼 용액은 저마다 독특한 성질이 있어. 그렇기 때문에 우리는 용액을 쉽게 구별할 수 있어. 예를 들어 설탕물과 소금물은 색이 투명하여 눈으로 구별할 수는 없지만 단맛과 짠맛이라는 각각의 독특한 성질을 이용해서 쉽게 구별할 수 있지.

이러한 용액의 성질 중에서 특히 중요하게 사용되는 것이 바로 '산성과 염기성'이야. 산성, 즉 산의 성질을 가진 물질은 대부분 신맛이 나. 레몬이나 식초처럼 말이야. 염기성, 즉 염기의 성질을 가진 물질은 대부분 쓴맛이 나고 만지면 미끌미끌하지. 염기성 물질에는 비누, 세제 등이 있어.

그런데 우리 주변에는 산성도 아니고 염기성도 아닌 상태가 존재해. 이를 '중성'이라고 해. 산성 용액과 염기성 용액을 섞으면 중성 용액이 만들어지는데, 이런 반응을 '중화'라고 해. 예를 들어 산인 염산과 염기인 수산화나트륨 용액을 적당량씩 섞으면 소금물이 되는데, 소금물은 중성 용액이야.

〈산성 용액〉

〈염기성 용액〉

 지시약

　레몬이나 비눗물처럼 냄새나 맛 또는 만져 봄으로써 산성인지 염기성인지를 쉽게 구별할 수 있는 것도 있지만, 그렇지 않은 것도 있어. 그리고 무엇인지도 모르는 용액을 함부로 만지거나 맛보거나 냄새를 맡는 것은 아주 위험할 수 있지. 그래서 사용하는 것이 바로 '지시약'이야. 지시약을 넣으면 용액의 색깔이 변하면서 그 물질이 산성인지 염기성인지 알려 주거든.

　여러 가지 지시약을 넣었을 때 산성 용액과 염기성 용액의 색깔이 어떻게 변하는지 간단하게 정리해 봤어.

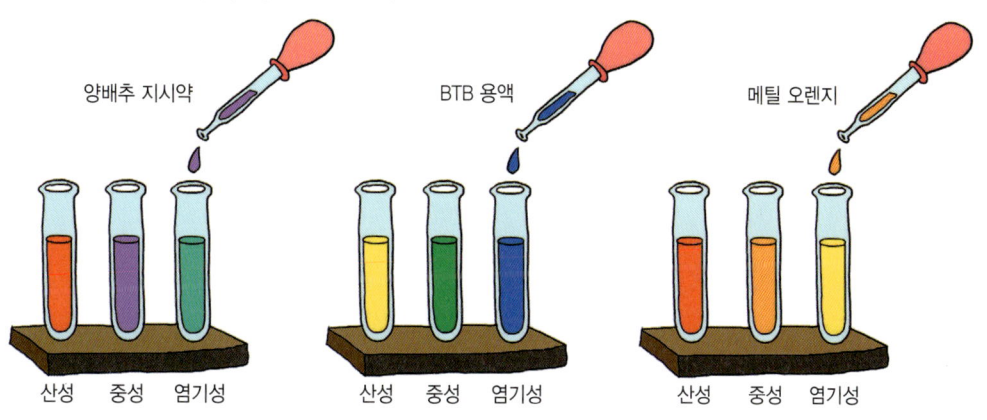
〈여러 가지 지시약에 따른 용액의 색깔 변화〉

지시약을 사용할 때에는 주의할 점이 있어. 지시약은 온도 등의 영향은 거의 받지 않지만 농도의 영향은 많이 받아. 그래서 너무 적게 넣거나 너무 많이 넣으면 정확한 결과가 나오지 않지. 지시약은 적당한 양만 넣어 주어야 해. 잊지 마!

💡 pH란?

　　그런데 단순히 지시약만 사용했을 때에는 그 물질이 산성인지 염기성인지만 알 수 있을 뿐 얼마나 강한 산성인지, 얼마나 약한 염기성인지까지는 알 수가 없어. 그래서 용액이 얼마나 강한 산성인지, 또는 얼마나 강한 염기성인지 숫자로 표시해서 쉽게 알 수 있게 한 것이 바로 '수소 이온 농도 지수'야. 흔히 'pH'라고 해.

　　pH의 값은 0부터 14까지 있는데, pH 7을 중성으로 놓고 7 이하로 숫자가 작아질수록 강한 산성, 반대로 7 이상으로 숫자가 커질수록 강한 염기성이야. 순수한 물은 25℃에서 pH가 7인 중성 용액이란다. pH는 pH 시험지나 pH 미터를 이용하면 금방 알 수가 있어.

　　이 중에서 pH 시험지는 pH에 따라 색이 변하는 여러 종류의 지시약을 종이에 스며들게 해서 말린 거야. 측정하려는 용액에 pH 시험지를 담가서, 그때 나타나는 색을 '표준 변색표'와 비교하면 그 용액의 pH를 쉽게 알 수 있지.

비눗물의 pH는 10 정도야.

　　pH는 우리 몸에서 나오는 분비물을 분석하거나 땅에 적합한 농작물을 알아내는 데 주로 쓰여.

〈우리 주위의 용액들의 pH〉

　그러니까 잘 생각해 봐. 김장녀는 산성 용액인 레몬즙을 펜에 묻혀 요리 비법을 썼지. 레몬즙은 마르면 눈에 보이지 않게 되니까 아무도 알아볼 수 없는, 그냥 조금 쭈글쭈글한 비밀 문서가 된 거야. 그런데 거기에 양배추 지시약을 바르면 어떻게 되겠어? 당연히 양배추 지시약은 산성 용액에서 붉게 변하니까 붉은 글씨가 나타나게 된 거지. 비밀 문서를 읽어 내는 신기하고 마술 같은 방법! 어때, 이젠 알겠지?

■ 핵심 과학 원리 – 씨의 특징

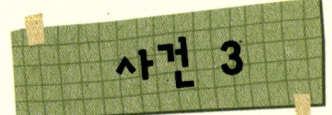

지리산 살인 사건

가을밤의 풀벌레 소리를 자장가 삼아 들으며 박 교장은 오랜만에 깊은 잠에 빠져 들었다. 그러나 막 동이 터 오는 새벽녘, 갑자기 누렁이가 시끄럽게 짖어 대고 밖에서 소란한 소리가 들리는 바람에 박 교장은 잠에서 깼다.

지리산에 가다

어느덧 가을도 깊어 밤낮으로 꽤 쌀쌀한 날씨가 계속되었다. 매년 이맘때쯤이면 박 교장에게는 어김없이 찾아오는 병이 하나 있었으니, 바로 배낭 하나 둘러메고 어디론가 떠나야만 하는 방랑병. 그러나 박 교장은 학교 사정도 좋지 않고, 또 야심차게 계획했던 '어린이 과학 형사대' 일도 영 진척이 없어 쉽게 길을 나서지 못했다.

'아, 떠나고 싶다!'

박 교장은 매일매일 그 생각에 한숨만 푹푹 쉬다가 결국 10월의 어느 토요일, 그냥 만사 다 제쳐 놓고 무작정 집을 나섰다. 그런데 이게 웬일인가! 아무한테도 말하지 않았는데 어떻게 알았는지 벌써 어 형사가 차 앞에서 기다리고 있었다. 그러고는 박 교장을 보더니 신 나게 손을 흔들어 대며 수선을 떨었다.

"쌤~. 저 왔어요. 놀랍죠? 반갑죠? 아이, 너무하셔요. 또 혼자 훌쩍 떠나려고 하셨죠?"

"어떻게 알았어?"

"아이 참, 제가 교장 쌤 맘속에 열 번은 들어갔다 나왔다 했거든요. 요 며칠 밥도 잘 안 드시고 싱숭생숭한 표정으로 계시는 거 보고 딱 알아차렸죠."

"허허허. 눈치 참 빠르구먼."

"제가 눈치 육백 단 어눈치 아닙니까? 헤헤. 그러니까 올해는 저도 데려가 주세요. 네?"

아이고, 이 인간을 어떡하랴! 같이 데려가자니 거추장스럽고, 그냥 떼어 놓고 가자니 온갖 채비 다 하고 나와 기다리고, 애교까지 떨고 있는 모습이 불쌍하기도 하고…….

그러자 우리의 재빠른 어 형사, 쏜살같이 차에 올라타고는 큰 소리로 외치는 게 아닌가!

"출발~, 출발~."

결국 박 교장은 어 형사를 데리고 떠나기로 했다. 목적지는 바로 명산 중의 명산, 지리산. 그중에서도 지리산의 열 가지 빼어난 경치 중의 하나인 피아골의 단풍을 보러 가기로 한 것이다. 난풍이 붉고, 단풍이 비치어 물도 붉고, 그래서 그곳을 찾는 사람의 얼굴도 붉다는 삼홍(三紅)의 단풍! 박 교장은 오랜만에 가슴이 뛰고 기분이 상쾌해졌다.

지리산 반달곰

그러나…….

"쌤! 지리산에 반달곰이 살까요?"

"글쎄. 살긴 살겠지. 그전부터 지리산에서 반달곰을 봤다는 얘기도 몇 번 나왔고, 2001년부턴가 해마다 몇 마리씩 풀어놓았다고 하니까 그중 살아남은 놈들도 있을 테지."

"그럼 우리 지리산 가면 반달곰 만나는 거예요? 와, 신 난다, 신 난다."

> **지리산에 정말 반달곰이 있을까?**
>
> 국립공원관리공단은 2004년부터 지금까지 반달곰 40여 마리를 지리산에 풀어놓았어. 다행히 방사한 반달곰들은 자연에 적응하고 짝을 짓어 새끼를 낳으며 그 수가 늘고 있다고 해. 하지만 일부는 자연사, 사고 등으로 죽거나 야생 적응에 실패해 생태 학습장으로 돌아가기도 했지. 그래서 현재 지리산에는 반달곰 60여 마리가 살고 있대.

처음에 박 교장은 기분도 좋고 해서 꼬박꼬박 대답도 해 주고 그랬다. 그러나 가는 내내 떠드는 어 형사의 수다에 박 교장은 결국 지칠 대로 지쳐 혼자 떠들도록 내버려 두고 말았다. 그렇게 장장 네 시간 이상을 달려서 도착한 곳이 바로 전라남도 구례군. 거기서 또 섬진강을 따라 한참을 올라가니 지리산 끝 자락에 있는 한 작은 마을이 나타났다.

어느덧 해가 뉘엿뉘엿 지는 저녁때. 박 교장과 어 형사는 마을 이장이 한다는 민박집을 찾아가 하룻밤을 지내기로 했다.

"어서 오세요. 서울서 여기까지……. 아이고, 피곤하시겠네요."

마음 좋게 생긴 이장과 안주인이 반갑게 맞아 주었다.

"시장하시죠? 얼른 저녁상 올릴 테니 들어가서 좀 쉬고 계세요."

그래서 방으로 들어와 짐을 푸는데 어 형사가 투덜거렸다.

"아이 참, 난 침대 없으면 못 자는데……."

"침대? 침대 좋아하네. 여기 아랫목에 와서 한번 누워 봐. 그 소리 절대 안 나올걸."

박 교장이 아랫목에 허리를 깔고 누우면서 말했다. 뜨끈뜨끈. 피로가 싹 가시는 느낌이었다. 어 형사도 금세 신이 나서 떠들기 시작했다.

"와, 진짜 뜨끈뜨끈. 찜질방이 따로 없네요. 하하하."

누워서 좀 쉬고 있는데 밖에서 쩌렁쩌렁 울리는 목소리가 들렸다.

"아주머니! 아주머니! 달곰이예요."

그러자 안주인이 얼른 나와 맞는 소리가 들렸다.

"아이고, 달곰이 왔구나. 저녁 먹을 때 다 됐는데 웬일이니?"

"이거요. 할머니께서 갖다 드리라고 하셔서……."

"어머나, 김치 부침개잖아. 맛있겠다!"

김치 부침개라는 말이 떨어지자마자 어 형사가 벌떡 일어났다.

"김치 부침개! 와, 나 그거 제일 좋아하는데 나가 봐야지!"

그러고는 쌩하니 밖으로 뛰어나가는 게 아닌가! 박 교장도 배가 고팠는지 군침이 돌았다. 그래서 슬며시 어 형사를 따라 나가 보니, 한 아이가 마당 한가운데 떡 버티고 서 있었다. 덩치가 얼마나 큰지 꼭 곰 한 마리를 보는 것 같았다. 아이는 어 형사와 박 교장에게 넙죽 인사를 했다.

"아, 손님 오셨네요. 처음 뵙겠습니다. 반달곰입니다."

우렁찬 소리로 예의 바르게 인사하는 아이. 덩치는 큰데 아직 초등학생 정도로밖에 보이지 않는 앳된 얼굴에 순박하고 착한 심성이 그대로 느껴지는 그런 인상이었다. 그때 갑자기 어 형사가 웃기 시작했다.

"뭐? 반달곰? 하하하. 만났네, 만났어. 쌤! 드디어 지리산 반달곰을 만났어요. 하하하."

아까 차 타고 오면서 한 농담을 생각해 내고는 눈치 없이 크게 웃어 버리는 어 형사. 박 교장이 그러지 말라고 눈치를 주었으나 보지도 않고 계속 떠들어댔다.

"반달곰. 진짜 덩치랑 꼭 어울리는 이름이네. 하하하."

기분 나빠할 만도 한데 달곰이는 오히려 천진난만하게 같이 웃으며 말하는 것이었다.

"헤헤. 친구들도 다 그렇게 얘기해요. 돌아가신 저희 아버지께서 지어 주신 이름인데요, 정말 저랑 딱 어울리죠? 헤헤. 그럼 쉬세요. 아주머니, 저 갈게요."

그러고는 또 천진난만한 미소를 지으며 꾸벅 인사를 했다.

"그래. 할머니께 잘 먹겠다고 전해 드려라."

"네."

달곰이가 돌아가자 어 형사가 미안한 듯 중얼거렸다.

"녀석, 성격 좋네. 다른 아이들 같으면 금세 삐죽거렸을 텐데……."

그러자 안주인이 기다렸다는 듯이 달곰이 칭찬을 늘어놓기 시작했다.

"달곰이 아빠가 달곰이 낳기 전에 지리산에 올라갔다가 반달곰을 봤대요. 그래서 성도 반씨고 하니 반달곰이라고 지었답니다. 그런데 쟤 낳고 바로 두 부부가 읍내 나갔다가 교통사고로 저세상 가고, 지금은 할머니랑 단둘이 살아요. 그래도 얼마나 심성이 곱고 착한지 마을 어른들 심부름 다 하고 그래요."

"대견하네. 아주 착하고 인사성도 바르더라고요."

"그뿐 아니에요. 풀이면 풀, 벌레면 벌레, 나무면 나무. 동물이랑 식물에 관해서는 모르는 게 없어요. 완전히 백과사전이라니까요."

"그래요? 대단하네요."

어 형사가 놀랍다는 듯 말했다. 그러자 안주인은 이번엔 안됐다는 듯 한숨을 푹 쉬면서 말했다.

"휴우, 저리 착하고 똑똑한데 불쌍해 죽겠어요. 할머니 연세도 많으시고 생활 보호 대상자라 나라에서 받는 거 조금 갖고 사는데 중학교나 제대로 갈 수 있을지……."

박 교장은 방금 전 환하게 웃던 달곰이의 얼굴이 떠올랐다. 그리고 자꾸 짠한 마음이 들었다.

다시 만난 반달곰

뜨끈뜨끈한 밥에 맛깔스런 김치찌개를 배부르게 먹고 나니, 박 교장은 가만히 앉아 있을 수가 없었다. 그래서 텔레비전에 쏙 빠져 버린 어 형사를 방에 남겨 두고 혼자 산책을 나갔다. 어느새 꽤 컴컴해지고 쌀쌀해졌지만 늦가을 논두렁을 따라 여유로운 산책을 즐겼다. 그렇게 한참을 걷고 있는데 논둑길 옆에 세워진 가로등 밑에 누군가 있는 것이 보였다. 다가가 보니 바로 아까 만난 반달곰. 뭘 그렇게 열심히 보고 있는지 박 교장이 가까이 다가가도 눈치 채지 못한 듯했다.

"뭘 그렇게 보고 있니?"

박 교장이 묻자, 그제서야 벌떡 일어나며 인사를 하는 달곰이.

"아, 나오셨어요?"

"그래. 뭘 그렇게 열심히 보고 있어?"

"민들레요."

달곰이는 쑥스러운 듯 머리를 긁적이며 말했다. 내려다보니, 정말 노란 민들레가 활짝 피어 있었다.

"어, 정말 민들레네!"

"네. 그런데 이건 우리 민들레가 아니라 서양민들레예요."

"그래? 그걸 어떻게 알지?"

"우리 민들레랑 비슷하게 생겼지만 잘 보면 꽃받침잎이 뒤로 젖혀져 있거든요. 그래서 쉽게 구별할 수 있어요."

"그렇구나! 아주 잘 아네."

"아이, 아니에요. 헤헤. 그럼 컴컴한데 살펴 가세요."

"그래. 너도 조심해서 들어가거라."

"네."

우렁차게 대답하고는 뒤돌아 뛰어가는 달곰이. 어려운 환경에서도 구김살 없이 밝게 자란 달곰이의 모습에 박 교장은 가슴이 훈훈해지는 느낌이 들었다.

서양민들레는 왜 열매를 높이 매달려고 할까?

서양민들레를 자세히 살펴봐. 노란 꽃은 땅 가까이에 피지만 갓털이 달린 열매가 달린 꽃대는 아주 길어. 열매가 열릴 때 꽃대를 높이 세우기 때문이지. 왜냐고? 그래야 좀 더 멀리 열매를 보낼 수 있거든. 행글라이더나 패러글라이더를 탈 때 멀리 날기 위해 높은 곳을 찾아 올라가는 것과 똑같은 이치야.

지리산 살인 사건

소란한 새벽

가을밤의 풀벌레 소리를 자장가 삼아 들으며 박 교장은 오랜만에 깊은 잠에 빠져 들었다. 그러나 막 동이 터 오는 새벽녘, 갑자기 누렁이가 시끄럽게 짖어 대고 밖에서 소란한 소리가 들리는 바람에 박 교장은 잠에서 깼다. 졸린 눈을 비비고 시계를 보니 아직 6시가 채 안 된 시간. 급하게 방에서 나오는 인기척이 나더니 이장이 버럭 지르는 소리가 들렸다.

> **곤충은 어떻게 소리를 낼까?**
>
> 사람은 성대를 울려 소리를 내지만 곤충은 성대가 없어. 대신 몸의 여러 부분을 서로 비벼서 소리를 내지. 메뚜기는 바이올린 줄을 활로 비비듯이 뒷다리를 앞날개에 비벼서 소리를 내. 귀뚜라미는 앞날개를 서로 문질러 소리를 내지.

"뭐야? 그게 정말이야?"

"네. 이장님이 빨리 가 보셔야겠어요."

"어, 그래. 나 잠깐 옷 좀 입고……."

박 교장은 갑자기 싸한 한기가 느껴지면서 뭔가 불길한 예감이 들었다. 그런데 이번엔 안주인이 뛰어나오면서 소리쳤다.

"주, 죽었다고요?"

순간, 박 교장과 어 형사는 벌떡 일어났다. 어 형사도 바깥의 시끄러운 소리를 듣고 있던 모양이었다.

"영근이. 영근이가 죽었어요."

두 사람은 누가 먼저랄 것도 없이 옷을 들고 밖으로 뛰어나갔다. 산골,

세상과는 동떨어진 듯 너무도 조용하고 한가로운 이 마을에서 사람이 죽다니! 이게 무슨 일인가! 어 형사가 얼른 신분증을 내보이며 말했다.

"형사입니다. 같이 가시죠."

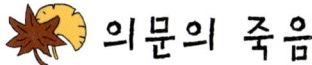 의문의 죽음

강영근. 나이 41세. 전라도의 유명한 국립 대학교 농학과를 졸업하고 고향으로 돌아와 농사를 짓는 젊은 농부. 워낙 서글서글한 성격에 예의 바르고 성실한지라 마을 어른들의 사랑과 믿음을 한몸에 받는 사람. 그런데 그가 죽었다. 그것도 마을 한가운데 자리한 논두렁에서.

시신이 발견된 곳에 가 보니 이미 마을 사람 여럿이 나와 웅성거리고 있었다. 박 교장과 어 형사는 얼른 시신을 살폈다. 여기저기 맞은 자국이 나 있었고 온몸은 흙투성이에, 무릎과 팔은 한참을 기어 왔는지 다 해어져 있었다. 어 형사가 사람들의 접근을 막고 있는데, 피해자의 어머니와 부인이 울면서 달려들었다.

"아이고오~, 영근아!"

어 형사가 얼른 막으며 말했다.

"가까이 오시면 안 됩니다."

그러자 피해자의 어머니와 부인은 그 자리에 풀썩 주저앉아 울부짖었다.

"이게 무슨 일이냐! 영근아! 내 아들, 영근아!"

"여보~. 진희 아빠, 여보~."

마을 사람들도 모두 훌쩍거리며 수군대기 시작했다.

"아이고, 이게 무슨 일이래요?"

"그러게 말이야. 도둑 한 번 든 적 없는 우리 마을에 살인이라니!"

"그 차세대 영농 후계잔가 뭔가 그게 결국 사람을 죽이는구먼, 죽여."

"그게 무슨 소리여! 그게 이거랑 무슨 상관있다고!"

"그래요. 그게 이거랑 무슨 상관이 있겠어요. 괜히 아무 데나 갖다 붙이지 마세요."

'차세대 영농 후계자'란 말이 나오자 마을 사람들은 아주 예민한 반응을 보이며 쑥덕거렸다. 일단 경찰들이 마을 사람들을 모두 집으로 돌려보냈다. 사람들이 모두 돌아가자 어 형사가 파출소장에게 물었다.

"차세대 영농 후계자가 뭡니까?"

"차세대 영농 후계자요? 아, 예. 올해부터 일 년에 한 사람씩 뽑는 게 있는데요. 거기에 뽑히면 군에서 상금도 주고, 담보 없이 대출도 많이 해 주고, 농사지은 것도 제일 먼저 팔아 준대요."

"그럼 그것 때문에 마을에 무슨 문제가 있었습니까?"

"아유, 그렇게 좋은 건데 누구나 다 하고 싶지 않겠습니까? 특히 후보로 나온 젊은이들 사이에서 말이 좀 많았습니다. 그러고 보니 정말 이상하네요. 피해자가 그중 제일 유력한 후보였거든요. 그리고 오늘이 바로 선거일인데……."

파출소장은 이상하다는 듯 고개를 갸우뚱했다. 그러자 가만히 듣고 있던 박 교장이 말했다.

"시신을 살펴서 죽은 원인을 밝혀 달라고 하고, 최초 발견자와 영농 후계자 후보였던 사람들부터 불러 주세요."

누가 범인일까?

제일 먼저 조사를 받은 사람은 최초 발견자, 최말동. 아까 이장의 집에 사건을 전하러 왔던 바로 그 사람이었다.

"처음 발견한 시각이 언제였죠?"
"정확하게는 모르겠지만 집에서 한 5시 30분쯤 나왔으니까 5시 40분쯤 됐을 겁니다."
"5시 40분. 그런데 왜 그 시간에 거길 가셨나요?"
"거기가 바로 제 논이거든요. 워낙 새벽에 일어나는 게 버릇이 돼서 운동 삼아 한 바퀴 돌려고 나갔습니다. 처음엔 그냥 옷가지가 떨어져 있는 줄 알았어요. 그래서 누가 남의 논에 이런 걸 갖다 버렸나 싶어 주워 버리려고 다가갔는데 글쎄! 아유! 영근이가 죽어 있는 거예요."

그때의 섬뜩한 느낌이 생각났는지 최말동은 몸을 부르르 떨었다.

"특별히 이상한 점은 발견하지 못했나요?"

"예. 그러고는 냅다 뛰어서 사람들한테 알리러 갔으니까요."

"알겠습니다. 아, 참, 차세대 영농 후계자 일로 마을이 시끄러웠다던데 혹시 무슨 일 있었나요?"

"아유, 그건 모릅니다. 난 후보도 아니었고 그래서 전혀 몰라요."

완강하게 모른다고 하는 최말동의 모습이 박 교장은 마음에 걸렸다. 마을 사람들끼리 벌써 말을 맞춘 것 같은, 그런 느낌이 들었다.

두 번째로 조사를 받은 사람은 이병팔. 농사로 잔뼈가 굵은, 말 그대로 농사꾼의 인상이었다. 이병팔은 들어오자마자 기분이 몹시 나쁘다는 듯 거칠게 행동했다. 큰 소리로 기침을 하고 들어오더니 시끄럽게 의자를 빼고는 그것도 삐딱하게 앉는 것이었다. 보다 못한 파출소장이 한소리 하려는 것을 박 교장이 막으며 물었다.

"차세대 영농 후계자 후보셨지요?"

"네. 그런데 그게 이거랑 무슨 상관이 있습니꺼? 내가 영근이 그거 못하게 하려고 죽이기라도 했단 말입니까?"

"아니요. 아직 증거는 없습니다. 어제 강영근 씨 본 적 있습니까?"

"못 봤어요. 머리 뒤통수도 못 봤습니다."

삐딱하니 말하는 이병팔. 바로 그때 어 형사가 급하게 뛰어 들어왔다.

"부검 결과 나왔습니다."

이병팔을 잠깐 기다리게 하고 박 교장은 어 형사에게 다가가 물었다.

"몇 시쯤에 죽었대?"

"어젯밤 9시쯤이랍니다."

"그래? 사망 원인은?"

"뇌진탕이요. 몸 여기저기에 타박상이 발견된 것으로 보아 누군가에게 심하게 맞은 것 같고요. 맞고 넘어지면서 머리를 부딪치는 바람에 뇌진탕이 된 것 같습니다. 무릎이랑 팔꿈치가 다 까진 걸로 봐서는 한참을 기어서 시신이 발견된 논두렁까지 간 것으로 추정됩니다."

"가만, 그랬다면 사건이 발생한 장소가 거기가 아니라는 말이네!"

"그러게 말이에요. 그리고 피해자 부인 말로는 어제 점심 먹고 읍내에 갔다 온다고 말하고 나갔대요. 그런데 저녁이 지나고 한밤중이 돼도 소식이 없더라는 거예요. 계속 휴대 전화로 연락했는데도 안 받고요."

"휴대 전화? 피해자가 휴대 전화를 가지고 있었나?"

"아니요."

"그럼 얼른 통신사에 연락해서 휴대 전화 위치를 추적해 보라고 하고 다른 목격자도 찾아봐."

"네."

어 형사가 나가자 박 교장은 이병팔에게 돌아와 물었다.

"어젯밤 8시에서 10시 사이에 어디에서 무엇을 하고 있었나요?"

그러자 이병팔은 더 불쾌하다는 표정을 지으며 퉁명스럽게 말했다.

"어딨긴 어디 있었겠어요, 그 밤에. 당연히 집에 있었지. 우리 마누라 한테 물어보면 알 거 아니에요."

"휴~. 알겠습니다. 일단 집에 돌아가 계시죠."

이병팔은 의자를 박차고 일어나더니 투덜거리며 파출소를 나갔다.

세 번째로 조사를 받은 사람은 또 한 사람의 차세대 영농 후계자 후보, 박지운. 곱상한 외모로 농사꾼이라고 하기에는 어울리지 않는 하얀 얼굴을 하고 있었다. 박 교장이 조심스레 물었다.

"박지운 씨, 어젯밤 8시에서 10시 사이에 뭐 하고 계셨죠?"

"집에서 컴퓨터로 주문 온 거 확인하고 있었어요. 온라인으로 현지 직송 판매를 하거든요."

"아, 예."

"컴퓨터 게임도 좀 했고 그러다가 10시 반쯤 잤습니다. 저를 의심하시는 건 당연하다고 생각하는데요, 전 정말 아닙니다. 제가 왜 영근이 형님을 죽였겠어요. 제가 얼마나 좋아하는 선배였는데요."

그러더니 박지운은 닭똥 같은 눈물을 뚝뚝 흘렸다. 박 교장은 박지운을 유심히 쳐다봤다. 누군가를 죽일 것 같지 않은 연약한 남자. 그 후로 몇 가지를 더 물어봤지만 의심되는 점은 아무것도 보이지 않았다.

달곰이의 추리

"아이 참, 오랜만에 지리산 단풍 구경이나 하고 실컷 놀다 가나 했더니, 이게 무슨 일이래요?"

잔뜩 들떠서 따라온 여행이 어그러져 영 기분이 나쁜지 어 형사는 숙소로 돌아오는 내내 투덜거렸다. 그건 물론 박 교장도 마찬가지였다. 하지만 어쩌랴, 이미 터져 버린 사건을!

"주변은 다 뒤져 봤어?"

"네. 시신 발견 장소에서 사방으로 500미터 정도까지 샅샅이 뒤졌는데 아직 특별한 사항은 발견하지 못했습니다."

"그럼 휴대 전화 위치 추적은?"

"하고는 있는데 여기가 워낙 산골이라 잘 안 잡히나 봐요."

"그렇군. 그럼 다른 목격자는 없고?"

"아, 예. 그게 아직……. 더 찾아보겠습니다."

"그래. 그럼 자네랑 나랑 나눠서 다시 한 바퀴 돌아보자고."

그러자 얼른 어 형사가 막으며 말했다.

"아이 참, 새벽부터 여태 아무것도 안 드셨잖아요. 일단 들어가셔서 식사부터 하세요. 제가 얼른 한 바퀴 돌아보고 들어갈게요."

"괜찮아, 나도……."

"아이, 빨리요."

결국 박 교장은 어 형사에게 등 떠밀려 먼저 숙소로 돌아왔다. 그런데 이게 누군가! 달곰이가 평상에 우두커니 앉아 있는 게 아닌가! 그러고는 박 교장을 보더니 벌떡 일어나 인사를 했다.

"안녕하세요?"

"어, 그래. 달곰이구나."

인사를 하고 막 방으로 들어가려는데 달곰이가 얼른 다가와 속삭였다.

"저……. 드릴 말씀이 있는데요."

심상치 않은 달곰이의 행동에 박 교장은 얼른 달곰이를 데리고 방 안으로 들어왔다. 그러고는 물었다.

"그래, 무슨 말인데?"

"이건 그냥 순전히 제 추린데요. 그냥 한번 들어 보실래요?"

"네 추리?"

진지하고 어두운 표정으로 말하는 달곰이를 보니 뭔가 심상치 않은 얘기를 할 것 같았다.

"그래, 말해 보렴."

"제가 아까 강영근 아저씨 옷을 봤는데요. 이상한 게 붙어 있었어요."

"이상한 거? 뭔데?"

"정확하게 말씀드리면 '도꼬마리'라는 식물의 열매인데요. 갈고리 같은 가시가 많이 나 있어서 사람의 옷 같은 데 아주 잘 달라붙거든요. 그런데 그게 아저씨 양말에 잔뜩 붙어 있었어요."

"도꼬마리?"

"네. 주로 들판이나 빈터에서 자라는 풀이에요."

그러고는 목소리를 더 낮추어 말했다.

"그런데요. 그 도꼬마리 열매가 또 한 사람, 다른 아저씨의 스웨터에도 많이 붙어 있었어요."

"가만 가만, 그러니까 강영근의 양말과 또 한 사람의 옷에 똑같은 도꼬마리 열매가 붙어 있었다. 그러니까 그

도꼬마리란?

햇빛이 잘 드는 들판이나 빈터에서 자라는 한해살이풀이야. 연노랑 꽃이 피었다 지면 열매가 열리는데, 그 속에는 씨가 두 개씩 들어 있어. 열매의 겉에는 갈고리 같은 가시가 나 있어서 사람의 옷이나 짐승의 털에 달라붙어 씨를 옮기지. 어린잎은 나물로 먹고 씨는 쪄서 먹고 열매는 약으로 쓰는 꽤 쓸모 있는 풀이야.

사람이 강영근을 죽인 거다?"

"꼭 그렇게 말할 수는 없지만 가능성은 있지 않을까요? 그리고 강영근 아저씨가 발견된 장소에는 도꼬마리가 없거든요. 아마 다른 곳, 즉 도꼬마리가 아주 많은 공터 같은 데에서 살해되지 않았을까요?"

그럴듯한 추리였다. 박 교장은 고개를 끄덕이며 물었다.

"음……. 그래. 그런데 그 사람이 누구였지? 스웨터에 도꼬마리 열매가 붙어 있었던 사람."

그러자 달곰이는 아주 괴로운 표정을 지으며 머뭇거렸다.

사건 현장, 도꼬마리 공터

　박 교장은 달곰이의 안내로 도꼬마리가 많이 있다는 공터에 가 보았다. 그곳은 시신을 발견한 곳에서 약 300미터쯤 떨어져 있는 공터로 여기저기 잡풀이 우거져 있었고, 그 잡풀 사이에는 달곰이가 말한 도꼬마리가 지천으로 널려 있었다.

"바로 이거예요."

"그래. 정말 가시가 많이 붙어 있구나."

　박 교장도 어렸을 때 시골에서 본 기억이 났다. 그때 친구랑 이 도꼬마리 열매를 서로 던져 누가 상대편 옷에 많이 붙이나 놀기도 했는데……. 그런 생각을 하고 있는데 여기저기 둘러보던 달곰이가 박 교장을 불렀다.

"선생님! 여기, 여기 좀 보세요."

"어디?"

달곰이가 부르는 공터 한가운데로 가 보니, 달곰이가 땅을 내려다보며 이상하다는 표정으로 서 있었다.

"여기요. 이 주변 풀들이 좀 이상해요. 다른 풀들은 다 제대로 서 있는데, 여기만 꺾여 있어요."

정말 달곰이 말대로 공터 한가운데 있는 풀들이 누가 밟아 놓은 것처럼 꺾여 있었다. 심하게 짓이겨진 풀도 많았다. 곁에서 봤을 때에는 키 큰 풀들로 인해 가운데가 보이지 않았던 것이다.

"발자국도 있어요. 여기요."

살펴보니, 꺾이고 누운 풀 사이로 드러난 흙에는 여러 개의 발자국이 나 있었는데, 두 종류의 발자국이었다. 범인과 피해자 강영근의 것인 듯싶었다. 그 꺾인 풀이 길가 쪽으로 계속 이어져 있었고, 길이 난 듯 흙이 길가 쪽으로 쓸려 있었다.

'음……. 여기서 맞고 저쪽 길가로 기어간 모양이군.'

그때, 어느새 길가 쪽까지 간 달곰이가 또 박 교장을 불렀다.

"선생님! 이, 이리 와 보세요."

달곰이가 부르는 곳으로 박 교장이 가 보니, 작은 돌 틈에 휴대 전화가 떨어져 있었다.

"혹시 강영근 아저씨 거 아닐까요?"

"음······. 그런 거 같군."

박 교장은 휴대 전화를 조심스레 주워 들고 길가로 올라섰다. 그때였다. 박 교장의 휴대 전화가 울렸다. 어 형사였다.

"쌤! 목격자가 나왔어요."

"목격자? 누군데?"

"마을 입구에 있는 가게 주인아주머닌데요. 어젯밤 8시 20분쯤 강영근이 가게 앞을 지나가는 것을 봤대요."

"그래?"

"그리고 또 한 명······."

"또 한 명?"

"네. 한 5분쯤 후에 또 한 사람이 같은 길로 가는 걸 봤는데, 얼핏 봐서 잘 모르겠지만 박지운 같았대요."

"박지운!"

순간, 박 교장과 달곰이의 눈이 마주치며 번쩍! 빛을 뿜었다. 달곰이가 스웨터에 도꼬마리 열매가 붙은 것을 봤다는 그 사람이 바로 박지운이었던 것이다. 박 교장은 전화기에 대고 다급하게 소리쳤다.

"얼른 박지운을 찾아내서 붙잡고 아까 박지운이 입고 있던 스웨터에서 도꼬마리 열매 찾아봐. 그리고 피해자 옷에서도 찾아보고."

"네? 도꼬마리 열매요?"

"그래! 도꼬마리!"

반달곰, '어린이 과학 형사대'가 되다!

결국 사건은 박지운의 자백으로 마무리되었다. 그렇게 선하고 연약하게 보였던 사람이, 그것도 닭똥 같은 눈물을 뚝뚝 흘리며 슬퍼했던 사람이 범인이라니! 박 교장은 '세상 참 무섭구나!' 하는 생각이 들었다. 그렇게 예상치 못한 사건으로 시간을 다 보내고, 결국 다음 날 저녁때가 되어서야 박 교장과 어 형사는 서울로 돌아갈 채비를 하고 있었다.

"알고 보니 박지운, 꽤 알려진 권투 선수였던데요."

"그래? 그러니 몇 대 때렸는데 죽지."

"분명히 말하면 맞아서 죽은 건 아니죠. 맞고 쓰러지면서 뇌진탕을 일으켜 죽은 거니까요. 다음 날 피해자가 죽었다는 말을 듣고 박지운도 많이 놀랐나 보더라고요."

"그런데 왜 때렸대?"

"노름에 빠져 빚을 많이 졌나 봐요. 그래서 차세대 영농 후계자가 되면 대출도 많이 해 준다니까 빚을 갚으려고 강력한 후보인 피해자한테 양보 좀 해 달라고 부탁했대요. 그런데 피해자가 너 같은 노름꾼이 차세대 영농 후계자가 되면 우리 마을이 어떻게 되겠냐며 절대 안 된다고 하는 바람에 화가 나서 때렸대요."

"쯧쯧……. 젊은 사람이 참……."

박 교장은 곱상한 박지운의 얼굴이 떠오르면서 씁쓸한 마음이 들었다.

"가만, 그나저나 달곰이는 올까요? 할머니 혼자 두고 떠나는 게 영 마음에 걸리는 거 같던데……. 하기야 왜 안 그러겠어요. 가족이라고는 할머니 한 분밖에 없다는데."

어젯밤 박 교장은 달곰이에게 '어린이 과학 형사대'에 들어올 것을 권유했다. 달곰이는 할머니를 혼자 두고 가야 하는 게 마음에 걸리는지 선뜻 대답을 하지 않았다. 하지만 박 교장은 달곰이를 꼭 데려가고 싶었다. 하고 싶은 공부 마음껏 하게 해 주고, 먹고 싶은 것도 마음껏 먹게 해 주고 싶었다. 그런데 바로 그때였다. 박 교장의 간절한 마음이 전해졌는지 안주인이 반기는 목소리가 들렸다.

"아이고, 그래. 잘 생각했다. 할머니는 내가 잘 돌봐 드릴 테니까 걱정하지 말고 올라가."

"어, 달곰이 왔나 봐요!"

박 교장과 어 형사는 얼른 밖으로 나갔다. 달곰이가 할머니와 함께 서 있었다. 박 교장을 보자 달곰이의 할머니는 덥석 손을 잡으며 말했다.

"아이고, 감사합니다. 공부도 시켜 주고 밥도 먹여 주신다니 정말 감사합니다. 이 녀석이 안 간다고 버티는 걸 제가 억지로 끌고 왔습니다."

"아유, 감사합니다. 하나밖에 없는 귀한 손자인데 이렇게 용단을 내려 주셔서 정말 감사합니다."

박 교장이 감사의 인사를 하자 할머니는 손사래를 치며 말했다.

"무슨 말씀이세요. 어떻게 해서든 애 공부는 시키고 죽으려고 했는데 그 소원 풀었는 걸요. 아무쪼록 잘 부탁드립니다."

쪼글쪼글 거친 손으로 박 교장의 손을 꼭 잡는 할머니. 박 교장은 손자를 향한 할머니의 깊은 사랑이 그대로 전해지는 것 같았다. 달곰이는 할머니와 헤어지는 게 가슴 아팠는지 입술을 질끈 깨물고는 눈물을 참느라 애를 썼다. 그러고는 할머니를 꼭 껴안더니 말했다.

"할머니, 제가 빨리 모시러 올게요. 건강하세요."

그렇게 달곰이는 할머니와 헤어져 서울로 올라왔다. 그리고 '어린이 과학 형사대 CSI'의 첫 번째 요원이 되었다.

달콤이가 들려주는
사건 해결의 열쇠

지리산 자락 우리 마을에서 벌어진 끔찍한 살인 사건! 범인의 정체를 밝혀낸 사건 해결의 열쇠는 바로 식물이 어떤 방법으로 씨를 퍼뜨리는지를 아는 거야. 식물들은 저마다 독특한 모양의 씨가 있고, 그 모양에 따라 여러 가지 방법으로 씨를 퍼뜨리거든.

💡 왜 씨를 멀리 퍼뜨리려 할까?

먼저 생각해 보자고. 왜 식물들은 씨를 멀리 퍼뜨리려고 할까? 엄마 식물과 아기 식물이 함께 모여 살면 알콩달콩 재미있지 않을까? 그런데 안타깝게도 그렇지 않아. 아기 식물이 엄마 식물 가까이 모여 싹을 틔우면 서로 더 많은 빛과 양분을 차지하려고 싸우게 되거든. 또, 커다란 엄마 식물에 가려서 제대로 자라지도 못하고 죽을 수도 있지. 어떤 때는 엄마 식물 둘레에 아기 식물들이 한꺼번에 몰려 있으니까 다른 동물에게 쉽게 먹혀 버릴 수도 있고, 엄마 식물이 걸린 병에 옮을 수도 있지. 게다가 형제들끼리 가까이 몰려 자라게 되니까 형제들끼리 꽃가루받이가 되기 쉽고, 그렇게 오랜 시간이 흐르면 점점 약한 후손이 생겨 다른 경쟁자들한테 밀려날지도 모르거든. 결국 식물이 되도록 씨를 많이 만들고, 될 수 있으면 멀리 퍼뜨리려고 하는 이유는, 그것이 멸종하지 않고 살아남기 위한 최선의 방법이기 때문이지.

💡 씨를 퍼뜨리는 방법

그런데 문제가 있어. 식물은 동물처럼 발이 있는 게 아니니 멀리 갈 수가 없잖아? 그래서 식물은 자신이 사는 장소에 따라, 또는 씨나 열매의 모양에 따라 다양한 방법을 통해 씨를 퍼뜨려. 물론 다른 친구들의 많은 도움이 필요하지. 자, 그럼 어떤 친구를 이용해 어떤 방법으로 씨를 퍼뜨리는지 하나하나 살펴볼까?

1. 바람을 이용하는 경우

바람을 이용하는 경우는 크게 두 가지로 나뉘어. 날개가 달린 것과 가벼워서 잘 날 수 있는 것. 소나무나 단풍나무의 씨처럼 날개가 달린 씨는 날개를 이용해 멀리 날아가지. 또, 민들레나 강아지풀은 씨가 작고 가벼우며, 솜털 같은 것이 달려 있어. 그래서 바람에 실려 더 멀리멀리 날아갈 수 있지.

소나무   민들레   단풍나무

〈바람을 이용하는 식물〉

2. 사람이나 동물을 이용하는 경우

이것 역시 크게 두 가지 방법으로 나뉘어. 맛있는 열매가 열리는 식물들은 대부분 사람이나 동물이 먹고 다른 곳으로 간 다음 똥으로 씨가 나와서 멀리까지 퍼지게 되지. 사람이나 동물은 맛있는 열매를 먹을 수 있어 좋고, 식물은 씨를 멀리 퍼뜨려서 좋고. 바로 상부상조라고 할 수 있겠지?

또 한 가지 방법은 사람의 옷이나 동물의 털에 붙어서 이동하는 방법이야. 도꼬마리나 도깨비바늘의 열매에는 갈고리 같은 가시나 털이 잔뜩 붙어 있지. 또, 주름조개풀은 이삭 까끄라기에 끈적거리는 게 붙어 있어. 이걸 이용하면 사람의 옷이나 동물의 털에 잘 달라붙을 수 있고 쉽게 떨어지지 않기 때문에 멀리까지 갈 수 있지.

감

도꼬마리

〈사람이나 동물을 이용하는 식물〉

3. 물을 이용하는 경우

물에 사는 연꽃 같은 식물들은 씨를 물에 떨어뜨려 떠내려가게 함으로써 엄마와 떨어져 싹이 틀 수 있게 해. 질경이는 빗방울이 떨어질 때 그 충격으로 열매 뚜껑이 터지면서 씨가 퍼지고, 이렇게 땅에 떨어진 씨는 빗물을 타고 멀리까지 가.

〈물을 이용하는 식물〉

4. 꼬투리가 터져서 퍼지는 경우

　나팔꽃이나 물봉선 등은 열매가 여물면 꼬투리가 쩍 벌어지면서 그 속에 숨어 있던 씨가 튀어나와. 씨는 꼬투리가 벌어질 때 힘을 받아서 멀리까지 날아가지.

〈스스로 꼬투리가 터지는 식물〉

　그러니까 잘 생각해 봐. 범인 박지운과 피해자 강영근이 도꼬마리가 지천으로 널린 빈터에서 만나 치고받다 보니 도꼬마리 열매가 두 사람의 옷 여기저기에 붙어서 떨어지지 않았던 거야. 그래서 두 사람이 사건이 일어난 시각에 같은 장소에 있던 것을 밝힐 수 있었어. 결국 도꼬마리 열매가 사건 해결의 결정적인 단서가 된 것이지. 어때, 이젠 알겠지?

■ 핵심 과학 원리 – 태양 고도

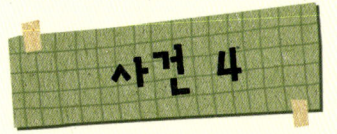

'눈물의 여왕'을 찾아라!

"그래. '눈물의 여왕'이라고 30캐럿, 시가 20억 원짜리 다이아몬드가 어제 오후 4시경, 감쪽같이 사라져 버렸어."

땅 부자 왕재벌

지리산에서 돌아온 바로 다음 날, 박 교장은 아침에 출근하자마자 경찰청장의 호출을 받았다. 갑작스런 경찰청장의 부름에 괜히 뜨끔한 박 교장. 어 형사도 그랬는지 잔뜩 걱정 어린 목소리로 말했다.

"어떡해요, 쌤! 혼나는 거 아니에요?"

그도 그럴 것이 나날이 기울어 가는 학교를 살리기 위해 전문적인 과학 지식과 뛰어난 추리력, 세심한 관찰력까지 갖춘 아이들을 뽑아 두 달 안에 '어린이 과학 형사대'를 만들겠다고 큰소리를 뻥뻥 쳤는데, 어느새 한 달 반이 지났음에도 여태껏 아무런 보고도 안 했으니 어떻게 된 거냐고 다그칠 게 분명한 일이었다.

"아이 참! 아직 달곰이 한 명밖에 못 구했다고 하면 진짜 열받으실 텐데……. 아예 없던 일로 하자고 하면 어떡하죠?"

"그렇게까지 하겠어?"

그렇게 말했으나 막상 청장실이 가까워 오자, 박 교장도 내심 긴장되고 식은땀이 흐르는 게 느껴졌다.

'큰소리나 치지 말 걸 그랬나!'

그러나 이제 와서 후회하면 무엇 하리! 끝까지 버텨 봐야지! 박 교장은 그렇게 굳게 마음먹고 청장실로 들어갔다. 그런데!

"아, 박 교장, 어 형사! 반갑네. 어서 와, 어서. 하하하."

경찰청장은 큰 소리로 웃으며 반기는 게 아닌가! 둘은 어안이 벙벙해졌다. 그러고는 내심 더 불안한 생각이 들었다.

"자, 이리 앉게, 이리. 지리산에 갔었다면서?"

뜨끔! 역시! 하는 마음에 박 교장은 얼른 변명을 늘어놓고 말았다.

"아, 네. 그래서 한 아이를 찾았습니다. 반달곰이라고……."

얼른 달곰이 얘기라도 해서 면피라도 해야지 했는데, 경찰청장은 별로 관심이 없는 듯 말을 돌렸다.

"어, 그래. 반달곰……. 그런데 내가 박 교장한테 긴히 부탁할 일이 있는데 말이야."

"네? 부탁이요?"

"그래. 왕재벌 회장 알지?"

"왕재벌 회장? 아, 예. 그 부동산 재벌!"

"그렇지. 그 사람 집에서 어제 도난 사건이 발생했는데 말이야."

"도난 사건이요?"

이제껏 박 교장의 곁에서 잔뜩 주눅 들어 앉아 있던 어 형사도 호기심으로 눈이 동그래지며 물었다.

"그래. '눈물의 여왕'이라고 30캐럿, 시가 20억 원짜리 다이아몬드가 어제 오후 4시경, 감쪽같이 사라져 버렸어."

'캐럿'은 뭘까?

'캐럿'은 다이아몬드 등 보석의 무게를 재는 단위야. 콩이나 씨를 뜻하는 아라비아 어 '캐럿(carat)'에서 나온 말이지. 고대에 보석의 무게를 잴 때에는 주로 쥐엄나무 등 콩과 식물 씨의 무게와 비교했는데, 여기서 유래한 거야. 1캐럿은 0.2g이지.

"30캐럿!"

"2, 20억!"

이제껏 다이아몬드라고는 1캐럿짜리도 본 적이 없는 박 교장과 어 형사에게 30캐럿짜리 다이아몬드는 상상도 못할 수준. 게다가 20억이라는 말에 둘 다 입이 쩍 벌어졌다.

"그걸 누가 가져갔답니까?"

놀란 나머지 어 형사가 우둔한 질문을 했다. 그러자 경찰청장은 껄껄 웃으며 말했다.

"하하하. 그걸 알면 벌써 잡았지. 그래서 말인데, 이 사건을 박 교장과 어 형사가 맡아 줬으면 하는데……."

"그걸 제가 왜?"

"생각해 봐. 그렇게 엄청난 가격의 다이아몬드를 잃어버렸다! 그걸 누가 외부에 알리고 싶겠어. 가뜩이나 요즘 용남동 재개발 때문에 왕재벌 회장이 여론의 꾸지람을 많이 받고 있잖아. 그러니까 비밀리에 수사를 진행했으면 하는 거지. 외부에 알리지 않고 조용하게……."

여론의 꾸지람이라? 그도 그럴 것이 요즘 왕재벌 회장이 진행하는 재개발 사업이 매일 신문과 방송을 떠들썩하게 하고 있었다. 재개발 과정에서 충분한 보상이 이루어지지 않았다는 주민들의 주장과 그래서 못 나가겠다고 버티는 주민들을 폭력배를 동원해 억지로 끌어냈다는 소문이 끊이지 않고 들렸던 것이다.

그래서 그런지 박 교장은 영 내키지 않았다. 누구는 먹고살기도 힘든데 엄청난 가격의 다이아몬드를 집 안에 버젓이 두고 사는 것도 마음에 들지 않았고, 게다가 그 다이아몬드가 어디에서 났겠는가! 다 없는 사람한테서 착취한 게 아니고 무엇이겠는가!

"싫습니다. 그건 제가 할 일이 아닌 것 같습니다. 더 유능한 형사를 찾아보시죠."

박 교장은 이렇게 말하고 싶었다. 그러나 벌써 박 교장의 생각을 꿰뚫어 본 경찰청장이 낮고 단호한 목소리로 말했다.

"이번 일이 잘 해결되면 어린이 형사 학교 재정도 숨통이 좀 트이지 않을까 하네만……."

이런! 이런! 박 교장은 갑자기 귀가 솔깃해지고 마음이 동했다. 사람 마음이란 참으로 간사하기도 하지. 하지만 어떡하랴! 일단 학교부터 살려 놔야 되지 않겠는가! 어 형사도 그런 마음이 들었는지 얼른 박 교장을 쳐다보며 조르듯 말했다.

"교장 쌤! 한번 해 봐요. 네?"

그러자 경찰청장이 더 근엄한 목소리로 말했다.

"진정한 형사란 사람을 가리면 안 되지. 나도 왕재벌이 탐탁치는 않지만 그래도 도둑은 도둑! 형사는 형사여야 하네. 알겠나?"

결국 박 교장은 그 사건을 맡고야 말았다.

대단한 범인

왕재벌의 집은 정말 으리으리했다. 족히 4미터는 될 듯한 높고 높은 담벼락이 빙 둘러 에워싸고 있고, 집 바로 앞에는 경비 초소가 있었다. 그리고 사설 경비 업체 사람들이 세퍼드까지 동원해 삼엄한 경비를 하고 있었다. 사건이 나고 경비가 더 강화됐는지는 모르지만 좀도둑으로서는 도저히 뚫고 지나가지 못했을 삼엄한 경비였다.

> **세퍼드는 어떤 개일까?**
>
> 세퍼드는 늑대와 비슷하게 생겼어. 어깨 높이는 63cm, 몸무게는 40kg 정도이고, 털 색깔은 검은색, 회색, 갈색 등이 있어. 용감하고 영리하며 주인에게 충성하고 특히 후각이 예민하지. 그래서 도둑을 지키는 데 쓰거나 경찰견, 군용견, 시각장애인 안내견 등으로 활약해.

"우아, 진짜 엄청나다 엄청나! 잘살긴 진짜 잘사네."

왕재벌의 엄청난 재산에 대해서는 이미 잘 알고 있었지만 이렇게 대단할 줄은 몰랐다. 높고 높은 담 사이, 커다란 철문 앞에 서니 박 교장도 괜히 주눅이 드는 것 같았다.

신분을 밝히자 문이 열렸고 두 사람은 학교 운동장만 한 정원을 가로질러 들어갔다. 집 안은 온통 대리암과 금빛으로 장식된 화려한 모습이었다. 박 교장과 어 형사는 저도 모르게 입이 쩍 벌어졌다.

"우아! 궁전이네. 궁전!"

박 교장과 어 형사가 소파에 앉아 신기한 듯 여기저기 둘러보고 있을 때, 비서인 듯한 사람이 나타났다.

"나오십니다."

말이 끝나자마자 박 교장과 어 형사는 저도 모르게 벌떡 일어났다.

마치 자석에 끌리듯 벌떡 일어나고 만 것이 창피해 다시 앉고 싶었지만 벌써 왕재벌이 나오고 있었다. 텔레비전에서 본 바로 그 모습. 작은 키에 통통한 몸매, 기름기 번질번질한 얼굴, 그리고 거만한 표정. 박 교장과 어 형사는 괜히 주눅이 들어 인사를 했다.

"안녕하십니까?"

그러자 왕재벌은 거만한 표정으로 아주 빠르게 말하기 시작했다.

"아시겠지만 난 아주 바쁜 사람입니다. 그리고 복잡한 건 딱 질색이죠. 수사는 비밀리에 진행됐으면 합니다. 이유는 아시겠죠?"

"아, 네. 그런데 다이아몬드는 어디에 있었죠?"

"저 방에 있었습니다."

박 교장과 어 형사는 왕재벌이 안내하는 방으로 갔다. 문 반대편 벽면에 커다란 그림 하나가 떡 하니 걸려 있고, 그 그림 외에는 가구 하나 없는 텅 빈 방이었다. 어 형사가 들어가려고 하자 왕재벌이 막으며 말했다.

"잠깐! 잠깐만 기다리시오."

왕재벌은 주머니에서 작은 리모컨을 하나 꺼내더니 그림을 향해 스위치를 눌렀다. 삐~ 하고 경계가 풀리는 소리가 들리자 왕재벌이 말했다.

> **광섬유 센서 시스템이란?**
> 빛이 흐르는 얇은 관인 광섬유를 바닥이나 벽에 설치해 두고 밟거나 건드렸을 때 빛 신호가 바뀌어 센서처럼 작동하는 장치야. 광섬유는 눈에 잘 띄지 않기 때문에 침입자가 알기 어려워. 그래서 첨단 경보 시스템으로 사용되지.

"이 방에는 광섬유 센서 시스템이 작동되고 있습니다. 광섬유를 바닥과 벽에 설치해서 움직임을 감지하는 장치죠."

살펴보니 창문 쪽에서 경보 장치를 풀고 침입한 흔적과 벽면과 천장 군데군데에 첨단 진공 흡입기를 사용한 흔적이 있었다. 이것으로 보아 창문으로 침입한 후 벽에 매달려 일을 처리한 것임에 분명했다.

"그리고 다이아몬드는 바로 여기 그림 뒤에 있었습니다."

왕재벌이 다시 리모컨을 누르자 이번엔 그림이 위로 올라가더니 안쪽에 비밀 금고가 나타났다. 그리고 3중의 보안 시스템을 풀자 드디어 금고가 열렸다. 금고는 텅 비어 있었다.

"그럼 도둑이 침입했을 때에는 경보음이 전혀 울리지 않았나요?"

"네. 나중에 경보음이 울리기는 했는데 그 소리를 듣고 경비가 뛰어갔을 땐 이미 범인이 다이아몬드를 가지고 달아난 후였습니다."

"음······. 정말 보통 솜씨가 아닌데요."

어 형사가 놀랍다는 듯이 말했다. 그렇다. 일단 이 방에 광섬유 센서 시스템이 작동되고 있음을 알았다는 것, 그리고 창문의 첨단 경보 시스템을 순식간에 풀고 진공 흡입기를 이용해 벽에 매달려 작업을 한 것, 또 3중 보안 시스템이 되어 있는 비밀 금고를 연 것. 이 모든 것들은 좀도둑으로서는 절대로 흉내 낼 수조차 없는 놀라운 솜씨였다. 순간, 박 교장의 머리에는 몇 명의 인물들이 스쳐 지나갔다. 우리나라에서 이런 놀라운 솜씨를 가진 도둑은 몇 명 안 된다. 기껏 꼽아 봐야 한 세 명 정도! 박 교장은 그 인물들부터 조사해 봐야겠다고 생각했다.

"그런데 이상하네요. 그 정도 솜씨면 끝까지 경보음이 안 울리게 할 수도 있었을 텐데, 마지막에 경보음이 울리게 한 이유는 뭘까요?"

왕재벌의 집에서 나오자마자 어 형사가 이상하다는 듯 말했다. 사실 박 교장도 그게 궁금했다. 왜 그랬을까?

나혜성을 만나다

박 교장이 막 교장실에 돌아왔을 때였다. 아까부터 손님이 기다리고 있다더니, 바로 국립 우주 과학 센터 나민기 소장이었다.

"교장 선생님! 저 왔어요."

나 소장이 반갑게 인사를 했다. 박 교장과는 나이 차이가 꽤 나지만 박 교장과는 형사 시절부터 막역하게 지낸 사이로 우주 연구에 있어서 세계적인 석학으로 꼽히는 나민기 소장. 그의 아내 역시 가나 대학교 지질학과 교수로, 말 그대로 둘 다 젊고 유능한 과학자였다. 박 교장도 오랜만에 보는 나 소장이 반가웠다.

"아이고, 나 소장! 웬일인가? 바쁠 텐데……."

"바쁘긴요. 하나도 안 바쁩니다. 교장 선생님이 바쁘시죠."

"나도 하나도 안 바쁘다네. 하하하."

둘이 서로 유쾌하게 인사를 나누고 나자, 나 소장이 옆에 앉아 있는 아이를 인사시켰다.

"아 참, 혜성아, 인사드려라."

"안녕하세요? 나혜성입니다."

훤칠한 키에 하얗고 작은 얼굴, 그리고 날카로운 눈을 가진 아이였다. 요즘 아이들이 흔히 하는 말로 바로 '얼짱'. 정말 눈에 확 들어오는 얼짱이었다.

"제 아들놈입니다."

"아들? 아니, 나 소장한테 이렇게 큰 아들이 있었나?"

"아유, 키만 삐쭉하게 컸지 아직 초등학교 5학년이에요."

"5학년? 아유, 키도 크고 아주 잘생긴 아드님을 두셨구먼. 왜 여태 꽁꽁 숨겨 둔 거야, 응?"

"아이, 아닙니다. 하하하. 그런데요, 교장 선생님께 좀 여쭤 볼 게 있어서요. 제가 듣기로는 어린이 형사 학교에서 '어린이 과학 형사대'를 모집한다고 들었는데, 맞나요?"

"어, 그래. 맞아. 그런데 그건 어떻게 알았지?"

"하하하. 알고 보면 제 정보망도 꽤 쓸 만합니다, 하하."

"그거야 내 익히 알고 있지, 하하."

사실 박 교장은 현역 형사 시절, 나 소장의 학식과 정보를 이용해 꽤 여러 번 도움을 받았었다.

"이 녀석이 워낙 저나 제 엄마가 하는 일을 어렸을 때부터 봐 와서 그런지 과학, 특히 지구와 우주에 대해 관심이 많거든요. 과학자가 되고 싶다고 하더니 어느날 갑자기 와서는 형사가 되고 싶다는 거예요. '어린이 과학 형사대'를 모집한다는 정보를 어디서 듣고 와서는 거기 들어가고 싶다고 해서……."

"음……. 그래?"

박 교장은 아까와는 다른 눈으로 혜성이를 쳐다보았다. 형사가 되기에는 좀 튀는 외모라고나 할까? 연예인이 되라고 권유해야 되는 게 아닌가 하는 생각까지 들면서 선뜻 대답이 나오지 않았다.

"그냥 들여보내 달라는 건 아닙니다. 다른 아이들도 시험 보고 들어오는 걸로 아는데, 저에게도 기회를 주십시오. 열심히 하겠습니다."

박 교장의 마음을 알았는지 혜성이가 진지하게, 그리고 자신 있다는 듯 힘주어 말했다. 그러자 나 소장이 다시 거들었다.

"저도 교장 선생님의 성품을 워낙 잘 아니까 무조건 뽑아 달라고 부탁드리는 건 아닙니다. 하지만 시험 볼 기회는 주실 수 있잖아요?"

하기야 여기저기 돌아다니며 아이들을 찾는 것에 박 교장도 조금은 지쳐 있었다. 찾으면 뭐 하나! 요리나 영재처럼 몇 번을 설득하고 설득해도 어린이 과학 형사대에 들어오지 않겠다고 버티고 있으니 말이다. 그래서 박 교장은 혜성이를 시험해 보기로 했다.

"좋아, 그럼 한번 해 보지."

그러자 혜성이는 벌떡 일어나 꾸벅 인사를 하며 말했다.

"감사합니다. 열심히 해 보겠습니다."

박학다식 나혜성, 범인을 지목하다

나 소장은 먼저 돌아가고 혜성이만 남아서 박 교장과 함께 얘기를 나누었다. 박 교장이 이것저것 관심 있는 분야도 물어보고 과학 원리도 물어보고 하니, 혜성이는 정말 말 그대로 박학다식한 아이였다. 혜성이가 가지고 있는 뭔가를 꿰뚫어 보는 듯한 날카로운 눈빛은 바로 이런 예리한 지성에서 나오는 듯했다.

박 교장은 이번에 맡은 다이아몬드 도난 사건을 혜성이와 함께 풀어 보기로 했다. 그래서 사건에 대해 자세히 얘기해 주었더니, 혜성이는 금방 세 명의 용의자를 꼽는 것이었다.

"이번 사건은 그냥 좀도둑이 저지른 것 같지 않아요. 그 정도의 실력이라면 우선 서당파 이서방하고 양동이파 양동민, 설록파 류팡 정도를 꼽을 수 있어요."

이런! 박 교장이 왕재벌 회장의 집에서 나오자마자 어 형사에게 알아보라고 지시한 인물은 바로 세 명. 방금 혜성이가 꼽은 바로 그 사람들이었다. 아직 어린아이가 벌써 범죄 조직망과 조직원들의 수준까지 파악하고 있다니 박 교장은 정말 놀라웠다.

"그리고 마지막에 나가면서 경보음을 울리고 간 건 아마 경고의 의미였을 거예요. 내가 가져간다. 그러니까 앞으로도 조심해라."

"그래. 그럴 수도 있겠군."

박 교장은 혜성이의 날카로운 추리력에 또 한번 깜짝 놀랐다. 그런데 바로 그때 어 형사가 돌아왔다.

"어, 얘는 누구예요?"

그러자 혜성이가 얼른 일어나 꾸벅 인사를 했다.

"나혜성이라고 합니다. 어린이 과학 형사대 지원자입니다."

"지원자? 정말? 하하하! 드디어 우리 과학 형사대에 서광이 비치기 시작하는구나! 하하하하!"

뭐가 그리 좋은지 큰 소리로 웃어 대는 어 형사. 박 교장은 좀 창피한 생각이 들어 얼른 말꼬리를 돌렸다.

"뭐 좀 알아봤어?"

"아, 네. 그럼요. 제가 누굽니까? 이 시대 최고의 형사, 어수선 형사가 아닙니까! 하하하!"

"그래. 알았어, 알았어. 결과부터 말해 봐."

박 교장이 다그치자 어 형사는 조사한 결과를 줄줄이 보고했다.

"서당파 이서방은 지난 8월부터 말레이시아에 사업을 하러 나가 있다고 하고요. 양동이파 양동민이랑 설록파 류팡은 일단 찾아내서 조사했는데, 둘 다 아니라고 딱 잡아떼는데요. 양동민은 어제 그 시간에 아들 돌잔치를 했대요. 그래서 알아봤더니 새왕자 호텔에서 3시부터 정말 아들 돌잔치를 했더라고요."

"그 시간 내내 거기 있었대?"

"네. 호텔 직원들에게도 확인했어요."

"그럼 설록파 류팡은?"

"당연히 아니라고 딱 잡아떼죠. 밑에 있는 똘마니들하고 천안 갔다 왔다는데 아직 증거는 없습니다. 그런데요. 좀 걸리는 게 있어요."

"걸리는 거? 뭔데?"

"류팡이 이번 왕재벌 회장의 용남동 재개발 과정에 깊이 개입되어 있었다는데요. 아마 주민 진압 과정에 힘 좀 쓴 거 같습니다."

"그래? 그럼 그 과정에서 뭐 문제 있었던 거 아니야?"

"겉으로 보기에는 별 문제 없어 보였는데, 왕재벌이 류팡이랑 원래 약속한 걸 지키지 않은 것 같아요. 그래서 류팡이 주변 사람들에게 왕재벌을 언젠가 혼쭐내 주겠다고 떠들고 다녔답니다."

"그래? 그럼 그 경보음이 바로 경고의 의미!"

조금 전 혜성이가 한 추리가 어느 정도 맞아떨어지는 느낌이 들었다. 박 교장은 다급하게 말했다.

"그럼 류팡부터 잡아들여! 얼른!"

류팡의 알리바이

"아닙니다. 확실한 증거가 있나요? 제가 범인이라는……."

류팡은 언제 봐도 조직 폭력배의 중간 보스로는 보이지 않았다. 깔끔하게 빼입은 양복에 금테 안경, 잘 빗어 넘긴 머리 모양. 겉모습만 봐서는 대기업의 대리쯤 되어 보이는 외모였다. 게다가 언제나 요점만 말하는 날카로운 언어 습관까지……. 사실 류팡과 박 교장에게는 오랜 인연이 있었다. 그것도 질긴 악연. 누구도 흉내 내지 못할 감쪽같은 솜씨로 도둑질을 해냈던 류팡. 계속되는 은행 금고 털이 사건으로 온 나라가 떠들썩했을 때 결국 류팡을 잡아낸 사람이 바로 박 교장이었던 것이다.

"왕재벌을 손봐 주겠다고 떠들고 다녔다면서?"

"네. 약속을 안 지켰거든요. 아파트 상가 사업권을 주기로 했는데 일이 다 끝나니까 모른 척하더라고요."

"그래서 훔쳤어?"

"훔치다니요? 뭘 말하는 거죠?"

"알잖아. 다이아몬드."

"다이아몬드? 처음 듣는 얘긴데……."

류팡은 정말 처음 듣는 얘기라는 듯 눈을 동그랗게 뜨고 물었다.

"아깝네요. 진작 알았으면 내가 가져갈 걸 그랬습니다."

그러고는 한술 더 떠서, 진짜 아까운 표정을 짓는 게 아닌가!

"어제 오후 4시부터 5시 사이에 뭐 했어?"

어 형사가 물었다.

"어제 오후라면 우리 가게 아이들하고 놀러 갔습니다. 서울역에서 KTX 타고 천안에 갔다 왔죠. 우리 애들한테 물어보세요."

"네 밑에 있는 애들이야 다 그렇다고 하겠지 아니라고 하겠어? 다른 증거를 대 봐. 네 알리바이를 증명할 수 있는 거."

"증거라……. 아, 증거! 있습니다."

류팡은 주머니를 뒤지더니 기차표를 꺼내 보였다.

천안행. 서울역 4시 20분 출발.

"이제 됐나요?"

"그걸론 안 되지. 기차표야 사서 자기가 찢으면 되는 거 아니야!"

"그럴 수도 있겠군요. 가만, 그럼 알리바이라……. 아, 어제 서울역에서 출발하기 전에 아이들이랑 사진 찍은 게 있습니다. 떠나기 직전에 찍고 들어갔으니까 아마 오후 4시쯤 됐을 겁니다."

"그래? 좋아. 그럼 가져와 봐."

그러자 류팡은 전화를 걸었다.

"영민아, 어제 서울역에서 찍은 사진, 지금 내 메일로 좀 보내라."

그리고 잠시 후, 사진이 메일로 도착했다. 살펴보니, 류팡의 말대로 서울역 시계탑 앞에서 류팡과 몇몇의 사내들이 찍은 사진. 정말 시계가 딱 4시를 가리키고 있었다.

 알리바이를 깨라!

결국 사진으로 알리바이가 증명된 류팡은 증거 불충분으로 당당히 집으로 돌아가고, 분명히 류팡이 범인이라고 생각했던 박 교장과 어 형사는 마냥 허탈한 기분이 들었다.

"아무리 생각해도 류팡밖에 없는데, 알리바이가 있으니 참……."

어 형사가 안타까운 듯 말했다. 그러자 이제껏 조용히 지켜보고만 있던 혜성이가 조심스럽게 말을 꺼냈다.

"저, 그 사진, 제가 좀 봐도 될까요?"

"사진을? 그래! 봐."

어 형사가 자리를 비켜 주자 혜성이는 사진 보기 프로그램을 이용해 사진을 구석구석 분석했다. 컴퓨터 다루는 솜씨도 여느 아이들 이상이었다. 그렇게 한참을 분석하더니 혜성이는 단호하게 말했다.

"이 사진, 조작된 거예요."

"뭐, 조작된 거라고?"

어 형사가 깜짝 놀라 소리쳤다. 그러자 박 교장이 물었다.

"증거라도 있니?"

"네. 여기를 잘 보세요. 시계의 시침과 분침이 12에 겹쳐져 있어요. 분침 때문에 시침이 잘 안 보이지만 약간 비껴 나와 있잖아요."

"어, 정말 그러네! 그럼 여기 4시를 가리키는 시침은?"

"그려 넣은 거죠. 보세요. 확대해서 보니까 분침과는 다르게 약간 삐뚤삐뚤 그린 티가 나잖아요."

"오, 그래! 우아, 나혜성! 똑똑하네! 하하하."

어 형사가 혜성이의 머리를 쓰다듬으며 대견해 했다. 박 교장도 내심 흐뭇한 기분이 들었다. 그러자 혜성이는 더 확실한 어조로 말했다.

"또 한 가지, 더 분명한 증거가 있어요."

"더 분명한 증거? 그게 뭐지?"

이번엔 박 교장이 더 솔깃해져 물었다.

"그림자요. 태양이 떠 있는 낮에는 그림자가 생기잖아요. 그리고 그림자는 태양이 떠 있는 높이에 따라 길이가 달라지죠. 해가 높이 떠 있을수록 짧아지고, 낮게 떠 있을수록 길어져요. 오후 4시라면 이미 낮 12시를 지나서 해가 지고 있는 시간이잖아요. 그때 이 사진을 찍었다면 해가 비스듬히 비치게 되니까 그림자 길이가 길어져 있겠죠. 그런데 보세요. 사진에 있는 그림자는 다 발밑에만 조금 있잖아요. 이 정도의 그림자가 생기는 시간은 낮 12시쯤이라고 할 수 있어요. 이 사진은 오후 4시에 찍힌 사진이 아니라 바로 낮 12시에 찍힌 사진입니다."

"그래! 맞다! 시곗바늘은 조작했을지 모르지만 그림자까지 신경 쓰진 못한 거로군. 하하하!"

어 형사가 기분 좋은 듯 큰 소리로 웃더니 벌떡 일어나며 말했다.

"자, 그럼 전 류팡 잡으러 갑니다."

나혜성, 어린이 과학 형사대가 되다

결국 사건은 어 형사를 선두로 한 형사들이 방심하고 집에 머물러 있던 류팡을 붙잡으면서 마무리되었다. 박 교장은 뿌듯했다. 경찰서에서 전화를 걸어 온 어 형사의 목소리에도 흥분이 담겨 있었다.

"그래, 다이아몬드는 찾았어?"

"네. 류팡 집 창고 바닥에 비밀 전시실이 있더라고요. 왕재벌뿐만 아니라 다른 부자들이 도난당한 각종 보석들이 거기 다 있었어요. 우아, 정말 어마어마하던데요!"

"왕재벌의 집에는 어떻게 들어갔대?"

"류팡의 똘마니 중 하나가 경비 업체 직원으로 가장해서 왕재벌의 집에 들어가 문을 열어 주었대요. 광섬유 센서 시스템을 건드리지 않으려고 광섬유가 보이는 투시 안경을 쓰고 범행을 했다고 하네요."

"쯧쯧……. 그런 좋은 머리로 조폭이나 하다니……."

박 교장은 씁쓸하고 안타까운 마음마저 들었다.

"아 참, 쌤! 혜성이는 당연히 합격이겠죠? 하하하하."

"당연하지. 류팡을 잡은 건 다 혜성이 공이라고 봐도 되지."

어 형사와 전화를 마치고 박 교장은 혜성이에게 손을 내밀며 말했다.

"나혜성! 너를 어린이 과학 형사대 요원으로 임명한다."

"네? 정말요? 감사합니다. 열심히 하겠습니다."

시험을 통과한 것이 기쁜지 혜성이는 한껏 흥분된 목소리로 인사를 했다. 물론 박 교장도 기분이 좋았다. 호박이 넝쿨째 굴러 온 느낌이라고나 할까? 박 교장이 경찰청장 앞에서 큰소리친 대로 전문적인 과학 지식과 뛰어난 추리력, 세심한 관찰력까지 갖춘 바로 그런 아이였다.

그런데 바로 그때였다. 똑똑 문 두드리는 소리가 들리고 교장실 문이 조용히 열리더니 요리가 들어왔다.

"안녕하세요?"

"어, 그래. 요리구나!"

요리의 뜻밖의 방문이 조금은 놀라웠지만 박 교장은 내심 반가운 마음이 들었다.

"저……. 구경하러 오라고 하셔서…….."

"어, 그래! 잘 왔다. 이리 와서 앉아라."

그런데 자리에 앉으려던 요리가 혜성이를 보고는 박 교장에게 물었다.

"누구예요?"

"어, 우리 어린이 과학 형사대 요원이다."

박 교장이 소개하자, 나혜성이 제법 멋지게 인사를 했다.

"안녕? 나혜성이라고 해."

"어, 그, 그래. 난 이요리라고 해."

"맞다! 둘 다 5학년이니까 친구하면 되겠구나! 사이좋게 지내라."

"네."

둘이 동시에 대답을 했다. 그러자 갑자기 요리의 얼굴이 빨개지는 것이 아닌가! 박 교장의 얼굴에 슬며시 웃음이 번졌다. 그러고는 얼른 화제를 돌려 말했다.

"가만! 어 형사가 지금 없으니 어쩐다? 마냥 기다릴 수도 없고! 그래,

내가 먼저 학교 구경을 시켜 주지. 어때? 혜성이도 같이 가자."

"죄송합니다. 오늘은 이만 돌아가야 될 것 같은데요. 다음에 구경하겠습니다."

혜성이가 일어나며 말했다. 요리는 괜히 서운한 눈치였다.

"그래. 그럼 다음에 와서 봐야겠구나. 요리야, 가자. 또 한 명의 요원이 있거든. 반달곰이라고. 우리 달곰이랑 같이 구경하자."

"반달곰? 달곰이? 헤헤. 귀엽다."

"아마 직접 보면 그런 생각 안 들 걸. 하하하하."

박 교장은 반달곰의 듬직한 덩치를 생각하니 괜히 웃음이 나왔다. 그러고는 뭔가 일이 잘 풀릴 것 같은 예감이 마구마구 들었다.

'눈물의 여왕'을 찾아라!

혜성이가 들려주는
사건 해결의 열쇠

'눈물의 여왕을 찾아라!'에서 류팡이 알리바이로 자신 있게 제시한 사진에 숨겨진 비밀을 밝혀낸 사건 해결의 열쇠는 바로 태양의 높이(고도)에 따라 그림자의 길이가 달라진다는 거야.

💡 지구의 자전과 태양의 움직임

태양이 어디에서 뜨지? 그래! 바로 동쪽에서 뜨지. 왜 그럴까? 그건 바로 지구가 하루에 한 번씩 남극과 북극을 축으로 해서 스스로 도는 '자전'을 하기 때문이야. 사실 움직이는 건 지구지만 지구에 사는 우리는 지구와 함께 돌기 때문에 마치 태양이 움직이는 것처럼 느껴지지. 지구가 서쪽에서 동쪽으로 자전하기 때문에, 우리에게는 반대로 태양이 동쪽에서 떠서 서쪽으로 지는 것처럼 보이는 거야. 지구는 24시간(정확히 말하면 23시간 56분 4초)마다 한 번씩 자전하고, 지구가 한 번 자전하는 시간을 '하루'라고 해.

〈지구 자전과 우리가 보는 태양의 움직임〉

💡 태양 고도와 그림자의 길이

태양 고도란 하늘에 떠 있는 태양의 높이를 말해. 이것은 햇빛과 지표면이 이루는 각을 말하기 때문에, 각도가 클수록 태양이 높이 떠 있다는 말이 되지. 특히 낮 12시에는 태양이 남쪽 하늘 정 중앙에 있다고 해서 그 높이를 '남중 고도'라고 해. 남중 고도일 때 태양의 고도는 가장 높아. 그리고 바로 그때 그림자의 길이가 가장 짧아. 반대로 그림자의 길이는 태양이 낮게 있을수록 길어져 해가 뜰 때와 질 때 가장 긴 그림자가 생기게 돼.

〈태양의 고도에 따른 그림자 길이 변화〉

그러니까 잘 생각해 봐. 류팡이 자신 있게 내놓은 사진에서 시간은 분명히 4시. 만약 사진을 찍은 시간이 진짜 오후 4시였다면 이미 해가 기우는 시간이기 때문에 그림자가 길게 드리워져야 되겠지? 그런데 사진 속의 그림자는 발밑에만 둥글게 있었으니, 결국 사진은 조작됐다는 확실한 증거가 되는 거야. 어때, 이젠 잘 알겠지?

■ 핵심 과학 원리 – 지레

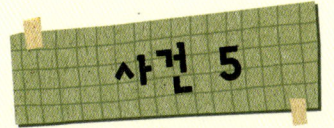

사건 5

교장 선생님을 구하라!

책상 위에는 서류가 펼쳐져 있었는데 요리는 그걸 가리키며 말했다.
"잘 봐. 이건 교장 선생님이 보고 계시던 서류 같은데,
여기 이상한 글자가 씌어 있어."

어린이 형사 학교 첫 등교일

11월 1일. 드디어 '어린이 과학 형사대 CSI'의 요원들이 어린이 형사 학교로 전학하여 과학 형사대 요원으로 임명장을 받는 날이 되었다.

요리는 이른 아침부터 서둘러 준비를 했다. 새로운 일에 도전해 본다는 것이 괜히 설레고 흥분되어 잠을 이룰 수 없었기 때문이다. 물론 마음 한구석엔 혜성이를 빨리 만나고 싶은 생각이 자리 잡고 있었지만, 아직은 인정하고 싶지 않았다. 어찌 됐든 요리는 다른 날보다 훨씬 공들여 머리도 빗고, 옷도 차려입었다. 오랜만에 안 입던 치마까지 꺼내 입고 있는데, 요리 엄마가 그새 뭔가 눈치를 채고는 한 말씀 하셨다.

"어머나, 네가 웬일이니! 치마를 다 입고?"

'이럴 줄 알았다니까! 엄마가 그냥 넘어가실 리가 없지!'

요리는 얼른 치마를 벗어 버렸다.

"그냥 한번 입어 봤어."

치마를 입어 보긴 했지만 역시 어울리는 것 같지는 않았다.

"아이, 그렇다고 벗어? 예쁜데 입고 가."

"됐어. 그냥 바지 입을래. 바지가 편해."

요리는 결국 평소에 즐겨 입던 청바지를 입고 말았다.

'그래! 난 나야! 내 모습 그대로 보여 주는 거야.'

어떻게 보면 요리의 마음은 '콩밭에 가 있다'고나 할까? 어린이 과학 형사대가 아닌 나혜성에게 가 있는 건 아닌지! 하지만 그게 뭐 그렇게 문제가 되겠는가! 아무튼 요리는 어린이 과학 형사대가 되기로 이미 결심을 굳혔는데…….

"엄마, 나 먼저 갈게 천천히 오세요."

요리는 재빨리 인사를 하고는 뛰어나갔다. 뭔가 새롭고 흥미로운 일이 펼쳐질 것 같은 기분. 발걸음도 가볍게 어린이 형사 학교로 향했다.

"혜성아, 준비 다 했니?"

"네."

"아유, 그런데 뭘 짐이 이렇게 많아? 일주일에 한 번씩 집에 올 건데."

혜성이 엄마가 잔소리를 했다.

"다 필요한 거예요."

혜성이가 조금은 퉁명스럽게 말했다. 오늘이면 어린이 형사 학교에 입학해 일주일은 집에 돌아오지 못하는데, 어제도 엄마는 학회에 갔다가 늦게 왔다. 결국 저녁밥도 같이 못 먹고…….

혜성이는 늘 바쁘기만 한 엄마가 야속했다. 혜성이의 마음을 알았는지 혜성이 엄마가 괜히 오버를 하며 혜성이를 달랬다.

"아유, 우리 아들, 보고 싶어서 어쩌지? 혜성이도 엄마 보고 싶겠지?"

"아니요."

혜성이는 여전히 퉁명스럽게 대답했다.

"아이 참, 너 삐쳤구나? 미안해. 엄마가 빠질 수 없는 자리여서 그랬어."

"알아요. 저 늦으면 안 돼요. 가야 돼요."

"엄마랑 같이 가면 되잖아. 어차피 엄마도 가야 되는데……."

"학교에서 전 열 시, 엄마 아빠는 열 시 반까지 오라고 했잖아요. 저 먼저 갈게요."

그러고는 쌩하니 나가 버리는 혜성이. 다 큰 것 같지만 아직도 쉽게 상처받고 마음 아파하는 여린 아이였다.

달곰이는 기숙사가 매우 좋았다. 푹신푹신한 침대에 따뜻한 방, 뜨거운 물도 펑펑 나왔고, 밥도 정말 맛있었다. 24시간 보고 싶은 책을 마음껏 볼 수 있는 도서관도 있고, 박 교장님, 어 형사님, 어린이 형사 학교 선생님들도 모두 친절하고 좋았다. 시골에서 살았을 때와는 비교도 할 수 없을 만큼 살기 좋은 곳.

그러나 달곰이는 밤마다 할머니 생각에 눈물을 훔쳤다. 날씨가 제법 쌀쌀해졌는데 할머니 건강은 어떠신지, 식사는 제대로 하고 계시는지 늘 걱정이 되었다. 하루에 한 번씩은 전화를 드렸지만 언제나 괜찮다 좋다 하시니 진짜인지 영 알 수가 없었다.

오늘은 정식으로 입학식을 치르고 '어린이 과학 형사대' 요원으로 임명장도 받는 날이다. 달곰이는 다른 날보다 일찍 일어나 서둘러 준비를 했다. 조금은 설레는 마음도 있었다. 지난번 만난 요리 누나는 마음이 참 따뜻한 누나 같았다. 처음 만났는데도 친절하게 잘 대해 주었다.

아직은 낯설고 외롭지만 열심히 최선을 다해 보리라. 달곰이는 그렇게 굳게 다짐하고 방을 나섰다.

솔직히 영재는 어린이 형사 학교에 가고 싶지 않았다. 학교는 별로 즐겁지 않은 곳이었기 때문이다. 뭔가 꽂히는 일이 있으면 엄청난 집중력을 발휘하는 영재는 그럴 때면 주위의 어떤 것에도 신경을 쓰지 않았다. 그러다 보니 자연스레 반 아이들과 어울리지 못하고 늘 겉돌기만 했다.

게다가 전기 수리공인 아빠의 영향으로 어렸을 때부터 전기 회로에 관심을 보이더니, 다섯 살쯤 되자 천재성이 보이기 시작했다. 그걸 한눈에 알아본 영재 아빠가 직접 공부하면서 영재를 가르쳐 수학과 물리 분야는 벌써 중, 고등학교 과정까지 모두 끝냈으니 학교 수업이 재미있을 리 있겠는가!

> **전기 회로란?**
>
> 전기를 사용하기 위해서 필요한 부품을 연결한 것을 '전기 회로'라고 해. 전지, 저항, 스위치, 콘덴서, 코일 등 여러 가지 부품을 연결해 전류가 흐르는 길을 만든 거지. 또 이것을 보기 쉽게 간단한 기호로 나타낸 것을 '전기 회로도'라고 해. 그러니까 전기를 사용하는 모든 물건에는 당연히 이 전기 회로가 들어가 있겠지?

그러나 영재 아빠의 마음은 달랐다. 영재를 영재 학교에 보내 교육시키고 싶었지만 사정이 여의치가 않았다. 영재가 학교에 적응하지 못하고 겉돌기만 하는 것이 자신의 잘못 같아 마음 아팠다. 그냥 보통 아이로 키울 걸 하는 후회도 들었다.

그러던 어느 날 영재 아빠는 영재가 불쑥 내민 명함 하나를 보았다. '어린이 형사 학교 박춘삼 교장'. 처음엔 뭔가 했는데, 가만히 듣고 보니 바로 여기라는 생각이 들었다. 유명한 각 분야 전문가에게 수업을 들을 수 있고, 기숙사에서부터 모든 수업이 공짜. 게다가 영재의 천재성을 충분히 살릴 수 있는 모든 지원을 아끼지 않겠다니, 이렇게 좋은 기회가 또 어디 있겠는가 싶었다.

아빠의 계속되는 설득에 영재는 결국 아빠의 뜻에 따르기로 했다. 하지만 영 불안한 마음이 들었다. 아이들과 어울리는 것도 너무 어색한데 네 명이 함께 움직여야 하는 형사대라니! 영재는 자신이 없었다.

아이들, 처음 만나다

요리가 박 교장의 방에 도착했을 땐 벌써 달곰이가 와 있었다. 지난번 학교 구경을 같이 하면서 둘은 많이 친해졌다. 덩치는 크지만 요리보다 어리고 하는 행동 하나하나에 순수한 마음이 그대로 드러나는 달곰이가 요리는 마음에 들었다.

"어머나, 일찍 왔네. 아침은 먹었어?"

"네. 제가 좀 행동이 느리잖아요. 그래서 늦을까 봐……. 그리고 기숙사가 바로 코앞인데요, 뭘……. "

"그래. 그런데 그냥 반말해, 편하게."

"그, 그래도 돼요?"

"당연하지. 달곰이 누나 있어?"

"없어요. 할머니랑 둘이만 살았어요."

"그럼 내가 누나 해 줄게. 이제부터 친누나라고 생각해. 알았지?"

"네. 고맙습……. 아니, 고마워, 누나."

"하하하하."

둘은 기분 좋게 웃었다. 달곰이는 요리의 따뜻한 마음이 참 고마웠다. 할머니랑 떨어져 지내면서 정말 외롭고 슬펐는데 요리를 만나면서 조금씩 위안이 되었기 때문이다. 요리 누나랑 함께라면 학교생활을 잘해 나갈 수 있을 것 같았다.

바로 그때, 혜성이가 들어왔다. 역시 작고 하얀 얼굴, 이지적으로 보이는 눈빛, 그리고 세련된 옷차림까지! 너무 멋있는 혜성이였다. 요리는 순간 가슴이 쿵 내려앉는 것 같았다. 그래서 들킬까 봐 얼른 고개를 숙이고 말았다. 혜성이는 들어오자마자 시계를 보며 말했다.

"정각 10시 00분. 정확한 시간에 왔군. 그런데 아직 한 명이 안 왔네."

"한 명? 또 한 명이 있어?"

"몰랐나? 우리 어머니께서 '어린이 과학 형사대' 요원은 모두 네 명이라고 하셨는데……. 첫날부터 지각이나 하다니!"

혜성이는 아주 못마땅하다는 표정을 지으며 말했다. 그러자 달곰이가 사람 좋은 웃음을 띠며 말했다.

"금방 올 거예요, 형."

"형? 난 그런 호칭 별로 안 좋아하는데……."

혜성이의 찬바람 쌩쌩 부는 말투에 달곰이는 순간 당황해 아무 대답을 못하고 우물쭈물했다. 그때 문이 열리더니 한 아이가 들어왔다. 작은 키에 깡마른 체구, 커다란 뿔테 안경을 쓴 아이는 바로 영재. 요리가 친근하게 말을 걸었다.

"어머나, 네가 또 한 명이구나! 이름이 뭐야?"

"한영재."

영재는 불쑥 한마디 하더니 인사도 없이 한쪽 구석에 가서 앉아 버렸다. 워낙 썰렁한 대답에 요리도 할 말을 잃었다. 어느새 요리랑 달곰이, 둘이 있을 때의 화기애애한 분위기는 온데간데없고 방 안 전체에 썰렁한 분위기가 감돌았다. 그리고 누구도 그 분위기를 깰 만한 용기가 없었는지 아무 말도 안 한 채 서먹서먹한 분위기가 한참을 이어졌다.

이상한 느낌, 이상한 단서

그렇게 한 10분쯤 흘렀을까? 서먹서먹한 분위기를 참지 못하고 제일 먼저 입을 뗀 건 역시 요리였다.

"그런데 왜 아무도 안 오시지? 교장 선생님도 어 형사님도……."

"급한 일이 생기신 거 아닐까?"

달곰이가 말했다.

"안 되겠어. 전화라도 해 봐야지."

요리가 벌떡 일어나며 말했다. 그러고는 박 교장의 책상으로 갔다. 그런데 책상으로 다가간 요리가 갑자기 낮은 목소리로 말했다.

"얘들아, 이상해."

"이상해? 뭐가?"

달곰이가 책상으로 가며 물었다.

"여기 봐. 글씨가 이상해."

"글씨가?"

혜성이랑 영재도 잽싸게 책상으로 갔다. 책상 위에는 서류가 펼쳐져 있었는데 요리는 그걸 가리키며 말했다.

"잘 봐. 이건 교장 선생님이 보고 계시던 서류 같은데, 여기 이상한 글자가 씌어 있어."

"BA?"

"그래. 이 볼펜으로 쓴 것 같은데 아주 급하게 쓴 것처럼 휘갈겨 씌어 있잖아. 그리고 지금 보니까 의자도 급하게 나간 것처럼 뒤로 돌아가 있고, 슬리퍼도 한 짝밖에 없어."

"그럼 혹시 누군가에게 끌려가신 게 아닐까?"

달곰이의 말에 순간 당황하여 서로 쳐다보기만 하고 있는데, 혜성이가 먼저 정신을 가다듬으며 생각하기 시작했다.

"가, 가만! BA? 장소를 말하는 거 아닐까? BA로 시작하는 장소!"

"BA로 시작하는 장소? 뭐가 있지?"

요리가 묻자 혜성이가 대답했다.

"BATHROOM."

"BASEMENT."

영재도 끼어들었다.

"그래, 화장실이랑 지하실! 가만! 여기 건물이 모두 몇 개 있지?"

혜성이의 물음에 달곰이가 재빨리 창문을 통해 보이는 건물들을 가리키며 대답했다.

"모두 네 개 있어. 여기 행정동이랑 도서관, 기숙사 그리고 연구동!"

"좋아! 그럼 우리 둘씩 나눠서 각 건물의 화장실이랑 지하실을 찾아보는 게 어때?"

요리가 제안하자 모두가 동의했다. 혜성이가 역할을 나누었다.

"그럼 요리랑 달곰이가 건물의 위치를 잘 아니까 앞장서. 난 달곰이랑 기숙사와 연구동을 찾아볼 테니까, 요리는 영재랑 같이 여기 행정동이랑 도서관을 찾아봐. 그리고 요리 너 휴대 전화 있어?"

"어, 있어. 찾으면 휴대 전화로 연락하자."

"그래. 자, 출발!"

박 교장을 찾아라!

요리와 영재는 먼저 행정동에 있는 화장실과 지하실을 구석구석 찾아보았다. 그러나 어느 곳에도 박 교장은 보이지 않았다. 그래서 다시 재빨리 도서관으로 향했다. 한편, 혜성이와 달곰이는 기숙사부터 살펴보았다. 역시 박 교장은 보이지 않았다. 그래서 연구동으로 달려가는데 아무래도 육중한 몸매로 뛰기가 힘들었는지 달곰이가 점점 뒤로 처지는 게 아닌가! 혜성이는 급한 마음에 짜증이 났다.

"좀 빨리 뛸 수 없어?"

"미, 미안해. 따라갈게. 먼저 가, 먼저."

할 수 없이 혜성이는 먼저 연구동으로 뛰어갔다. 각 층에 있는 화장실을 다 살펴보고 내려왔더니 그제야 달곰이가 헉헉거리며 들어오고 있었다. 혜성이는 달곰이가 정말 한심하다는 생각이 들었다.

'저 몸으로 무슨 형사를 하겠다고!'

혜성이는 달곰이를 쳐다보지도 않고 지하실로 뛰어 내려갔다. 그런데 지하실로 내려가는 계단에 아까 박 교장의 책상 옆에서 본 바로 그 슬리퍼가 떨어져 있는 게 아닌가! 혜성이는 얼른 요리에게 전화를 걸어 이쪽으로 오라고 했다. 그러고는 지하실로 내려갔다.

> **스위치를 켠다는 것의 의미는?**
>
> 스위치는 전기 회로를 이었다 끊었다 하여 전류를 흐르게 하거나 흐르지 못하게 하는 부품이야. 그러니까 스위치를 켠다는 건 끊어져 있던 전기 회로를 이어서 전류가 흐르게 한다는 뜻이고, 스위치를 끈다는 건 전기 회로를 끊어서 전류가 흐르지 못하게 한단 뜻이지.

엄청나게 커다란 철문이 떡하니 지하실을 가로막고 있었다. 혹시 벽에 스위치가 있나 찾아봤지만 보이지 않았다. 그래서 할 수 없이 있는 힘껏 철문을 밀어 보았다. 그러나 워낙 크고 육중한 문이라 그런지 꼼짝도 하지 않았다. 다시 한 번 힘껏 문을 밀어 보았다. 그런데 이번엔 쑥~, 쉽게 열리는 게 아닌가! 뒤를 보니 어느새 달려온 달곰이가 같이 문을 밀며 웃고 있었다.

'힘은 장사가 보네.'

혜성이가 그렇게 생각하고 있는데 요리와 영재가 뛰어 내려왔다.

"여기야. 바로 여기!"

교장 선생님을 구하라!

돌을 치워라!

 넷이 열린 문틈으로 들어가자 컴컴한 실내에서 눅눅한 지하실 냄새가 났다.
 "교장 선생님! 교장 선생님!"
 아이들이 부르자 지하실 한쪽에서 가는 신음 소리가 들렸다.
 "저기야! 저기!"
 요리가 발견하고 소리쳤다. 그런데 이게 무슨 일인가! 커다란 바위 밑에 박 교장이 깔려 정신을 잃고 있는 것이 아닌가!
 "돌, 돌을 치워야 해."
 "그래! 얼른 해 보자."
 "내가 할게."
 힘 좋은 달곰이가 나서며 말했다. 그러고는 온 힘을 다해 바위를 치우려 했다. 그러나 바위는 너무도 크고 무거워서 꿈쩍도 하지 않았다. 그러자 이번엔 요리가 나서며 말했다.
 "같이 해 보자. 혜성아, 영재야, 너희도 빨리 도와."
 "그래."
 네 명이 모두 달라붙어서 바위를 치우려고 안간힘을 썼다. 그러나 얼마나 크고 무거운지 바위는 살짝 들리기만 할 뿐 더 이상 움직이려 하지 않았다. 박 교장은 아직도 정신을 잃고 있었다. 그러자 영재가 말했다.

"이렇게는 절대 바위를 치울 수 없어! 다른 방법을 찾아야 해."

"다른 방법? 뭔데? 기중기라도 들여와야 되나?"

혜성이가 까칠하게 말했다.

"기중기? 그걸 어떻게 여기까지 들여와."

달곰이가 혜성이의 농담을 이해하지 못하고 말하자, 혜성이는 한술 더 뜨며 말했다.

"못할 것도 없지. 우리 아빠한테 전화 한 통화만 하면 간단하게 해결될 수도 있지."

"농담 그만하고 빨리 다른 방법을 좀 찾아봐."

요리가 다그치자 영재도 거들었다.

"그래. 돌을 들 수 있는 다른 방법이 필요해."

그러고 나서 영재는 지하실 여기저기 흩어져 있는 물건들과 건축 자재들을 뒤지기 시작했다.

"뭔가 쓸 만한 게 있을 텐데……."

그러더니, 영재는 뭔가를 발견한 듯 큰 소리로 외쳤다.

"그래! 바로 이거야!"

모두들 영재 주위로 몰려들었다.

"이게 뭐야?"

> **기중기(크레인)란?**
>
> 여러 개의 도르래를 이용하여 작은 힘으로 큰 물건을 들어 올리는 데 쓰는 기계야. 공사장이나 공장, 항구 등에 가면 많이 볼 수 있지. 고대 이집트에서 피라미드를 만들 때 사용된 이래로 약 5000년의 역사를 가지고 있어. 우리나라에서는 조선 시대에 정약용이 만든 '거중기'가 있었고, 그것을 이용해 수원 화성을 쌓았다는 기록이 남아 있지.

"널빤지잖아. 이걸로 뭘 하려고?"

"지레. 지레를 만드는 거야."

"지레?"

"그래. 자, 빨리 돌 좀 찾아봐."

"아, 알았어."

네 명이 흩어져서 돌을 찾았지만 지하실에는 돌이 없었다. 그런데 바로 그때, 언제 나갔다 왔는지 달곰이가 돌 하나를 내려놓았다.

"이거면 되겠어?"

"그래, 해 보자! 먼저 이 돌을 바위 옆에 놔 줘."

영재가 반기며 말하자 달곰이는 커다란 바위 옆에 돌을 갖다 놓았다. 영재는 널빤지를 돌 위에 올려놓더니 말했다.

"이제 널빤지를 바위 밑에 고여야 돼."

"그럼 우리가 살짝 들어 올릴 테니까 고여 봐."

달곰이가 말하고는 힘을 다해 바위를 밀었다. 혜성이와 요리도 힘을 보태자 바위가 살짝 들렸다. 그러자 영재가 잽싸게 바위 밑에 널빤지를 끼워 넣었다. 드디어 시소 모양의 지레가 완성되었다.

"자, 이제 모두 여기 반대쪽으로 와서 누르는 거야."

"알았어."

네 명이 힘을 모아 바위와 반대쪽에 있는 널빤지 끝을 누르자, 드디어 바위가 서서히 움직이기 시작했다.

"움직인다! 하나, 둘, 셋, 하면 동시에 누르는 거야. 알았지?"

요리가 말하자, 모두 큰 소리로 대답을 했다.

"응!"

"자, 하나, 둘, 셋!"

그러자 드디어 쑥! 바위가 들렸다.

"자, 계속 널빤지를 누른 채로 천천히 옆으로 이동하면서 널빤지를 돌려 봐. 천천히! 천천히!"

그러자 육중한 바위가 천천히 옆으로 움직이기 시작했다.

"됐다. 이제 천천히 힘을 빼는 거야. 천천히, 천천히……."

그러자 바위가 천천히 내려가 바닥에 놓였다.

"와! 됐다! 해냈다! 와!"

드디어 꼼짝도 않던 커다란 바위를 치운 것이다. 너무 기뻐 모두들 서로 부둥켜안고 소리를 질러 댔다. 그런데 바로 그때였다. 이제껏 정신을 잃고 쓰러져 있던 박 교장이 벌떡 일어나더니 박수를 치는 게 아닌가!

"하하하! 됐어. 아주 훌륭해. 하하하."

박 교장이 일어난 자리를 보니 몸을 반쯤 숨길 만한 공간이 나 있었다. 그러니까 박 교장은 거기에 몸을 숨기고 그 위에 바위를 올려놔 마치 바위 밑에 깔린 것처럼 하고 있었던 것이다. 아이들은 모두 황당한 표정으로 서로를 바라보았다.

 마지막 관문을 통과하다

그때, 지하실 벽이 스르르 열리더니 어 형사와 선생님들, 그리고 아이들의 부모님들이 박수를 치며 나타났다.

"멋지다! 잘했어. 교장 선생님, 축하드립니다."

어 형사가 수선을 떨며 말했다.

"너희들 진짜 짱이다, 짱! 이제껏 이 마지막 관문을 통과한 아이들은 한 명도 없었는데, 정말 대단해! 대단해!"

"마지막 관문이요?"

혜성이가 황당하다는 듯 물었다. 그러자 박 교장이 대답했다.

"그래. 너희들 한 명, 한 명은 과학적 지식이나 추리력, 관찰력 등 모든 면을 고루 갖춘 아주 훌륭한 아이들이지. 그건 인정해. 하지만 과학 수사는 혼자만의 힘으로 할 수 있는 게 아니야. 팀워크가 중요하지. 이 마지막 관문은 바로 너희들의 팀워크를 시험해 본 거야."

어 형사가 얼른 끼어들며 말했다.

"물론 결과는 통과! 그러니까 요리는 화학 형사, 혜성이는 지구 과학 형사, 영재는 물리 형사, 달곰이는 생물 형사! 너희 모두가 힘을 합치면 정말 해결하지 못할 사건이 하나도 없을 거야! 바로 최고의 어린이 과학 형사대가 되는 거지. 하하하하."

그러자 요리가 말했다.

"맞아요. 사실 오늘 사건은 교장 선생님이 꾸미신 일이긴 하지만 저 혼자 있었으면 절대로 해결하지 못했을 거예요. 혜성이가 'BA'라는 글자를 보고 장소를 가리키는 글자라고 추리했고, 저 육중한 철문은 달곰이가 없었으면 못 열었을 거예요. 물론 마지막에 지레를 만들어서 돌을 치운 건 영재가 물리 지식을 잘 활용했기 때문이죠."
"요리 누나가 교장 선생님께 먼저 전화를 걸어 보자고 했고 이상한 상황도 가장 먼저 발견했으니까, 요리 누나의 공도 아주 커요."
달곰이가 옆에서 거들었다. 박 교장은 뿌듯한 표정으로 말했다.
"바로 그거야. 너희들 한 명 한 명이 제 역할을 다하고 서로 힘을 합칠 때 정말 멋진 과학 형사대가 될 거라고 믿는다. 모두 잘 알겠지?"
"네!"
네 명이 우렁찬 목소리로 대답하자 모두들 축복의 박수를 쳐 주었다. 박수 소리가 점점 더 크게 지하실 가득 울려 퍼졌다.

영재가 들려주는
사건 해결의 열쇠

어린이 과학 형사대 요원들이 마지막으로 통과해야 할 과제로 주어진 '마지막 관문'을 해결하는 열쇠는 바로 지레의 원리를 이용하는 거야. 지레란 뭘까? 지레를 이용하면 진짜 무거운 돌도 들 수 있을까? 궁금하지 않니?

💡 일의 원리와 도구

먼저 과학에서 말하는 '일'이란 무엇인지 알아보자. 물건을 옮긴다고 생각해 봐. 일단 힘이 필요하겠지? 그리고 옮긴다는 것은 일정한 거리를 이동하는 것을 말하지. 즉, 물체에 힘을 들여 일정한 거리를 이동하는 것을 과학에서 '일을 했다'고 하는 거야. 그래서 무거운 물건을 옮기려고 힘을 들이는데 움직이지 않는다면, 일을 하지 않은 거야.

그런데 커다란 돌이나 코끼리처럼 아주 무거운 것을 옮기려면 힘이 많이 들지?

〈힘이 들지만 일을 하지 않는 경우〉

이럴 때 필요한 것이 바로 빗면이나 지레, 도르래 같은 '도구'야. 이러한 도구는 작은 힘을 들여서 일을 할 수 있게 도와주거든. 물론 도구를 사용하여 작은 힘으로 일을 하면 그만큼 움직이는 거리가 길어져서 일의 양은 같아. 그러니까 도구를 사용한다고 해서 절대 일의 양 자체는 늘거나 줄지 않아. 도구를 사용할 때나 사용하지 않을 때나 한 일의 양은 같다는 것을 바로 '일의 원리'라고 해.

〈빗면을 이용해 작은 힘으로 일할 때의 일의 원리〉

💡 지레의 원리

여러 가지 도구 중에서 어린이 과학 형사대가 사용한 도구는 바로 '지레'야. 지레는 작은 힘으로 무거운 물체를 들어 올리는 데 아주 유용하게 쓰이지. 지레를 구성할 때에는 꼭 필요한 세 가지 위치가 있어. 지레를 고정하는 '받침점', 물체를 올려놓는 '작용점', 힘을 주는 '힘점'이야. 이를 합쳐서 '지레의 3요소'라고 해.

〈지레의 3요소〉

이때 작은 힘으로도 무거운 물체를 들어 올리는 방법은 받침점에서 작용점까지의 거리는 되도록 짧게, 받침점에서 힘점까지의 거리는 되도록 길게 하는 거야. 받침점에서 힘점까지의 거리가 길어지면 위아래로 움직이는 거리가 길어져 긴 거리를 움직이게 되니까 일의 원리에 의해 작은 힘으로 일을 할 수 있게 되지.

　작용점에 작용하는 무게와 힘점에서 주는 힘이 균형을 이룰 때 지레는 어느 쪽에도 기울어지지 않고 수평을 이루게 돼. 내가 30kg을 들어 올리는 힘을 가지고 있다고 하고 지레로 60kg의 물체를 들어 올린다고 생각해 봐. 나와 받침점 사이의 거리가 물체와 받침점 사이의 거리의 2배가 되면 지레가 수평을 이루게 돼. 즉 '힘점에서 주는 힘'과 '힘점에서 받침점 사이의 거리'를 곱한 값이 '작용점에 있는 물체의 무게'와 '작용점과 받침점 사이의 거리'를 곱한 값이 같을 때 지레는 수평을 이루지. 이를 '지레의 법칙'이라고 해.

〈지레의 법칙〉

　우리 주변에는 이러한 지레의 원리를 이용한 도구들이 아주 많이 있어. 하지만 도구마다 작용점, 받침점, 힘점의 위치가 달라. 정리해 보면 다음 세 가지로 구분할 수 있어.

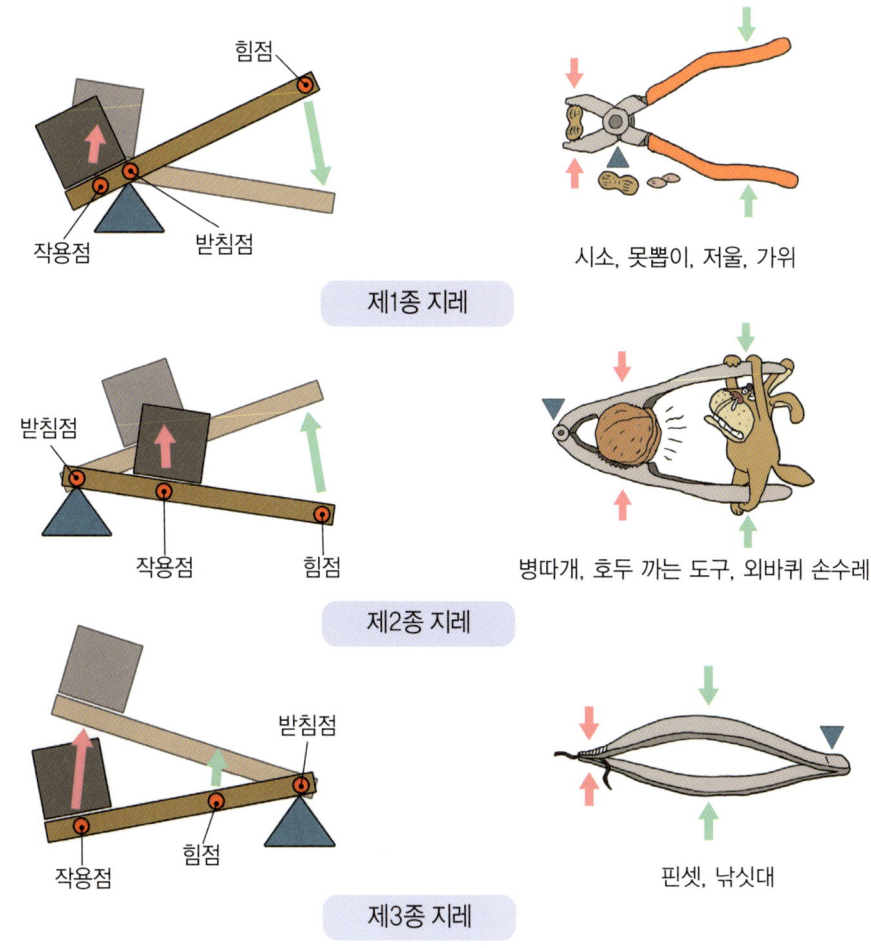

〈지레의 종류와 지레를 사용하는 예〉

그러니까 생각해 봐. 무거운 바위를 들기 위해서 먼저 기다란 널빤지와 돌을 구했지. 그리고 되도록 바위(작용점) 가까이에 구해온 돌(받침점)을 놓고 널빤지를 올려놓은 다음 바위를 살싹 들어서 바위의 일부를 널빤지 위에 올리는 거야. 이제 기다란 널빤지 끝에서 힘을 주면(힘점) 작은 힘으로도 바위를 쑥~ 들어 올릴 수 있는 거지. 바로 '작용점-받침점-힘점'으로 구성된 지레를 만든 거야. 어때, 생각보다 간단하지?

어린이 과학 형사대 CSI 임명식

어린이 과학 형사대 CSI의 대 활약! 2권에서 계속됩니다.

특별 활동

CSI, 함께 놀며 훈련하다!

영재랑 함께 하는 신기한 놀이

① 거울 마술 놀이

지금부터 인형 한 개, 거울 두 개로 엄청나게 많은 인형을 만들어 내는 마술을 해 보는 거야. 자, 그럼 마술사처럼 멋지게 인사 한 번 하고, 시~작!

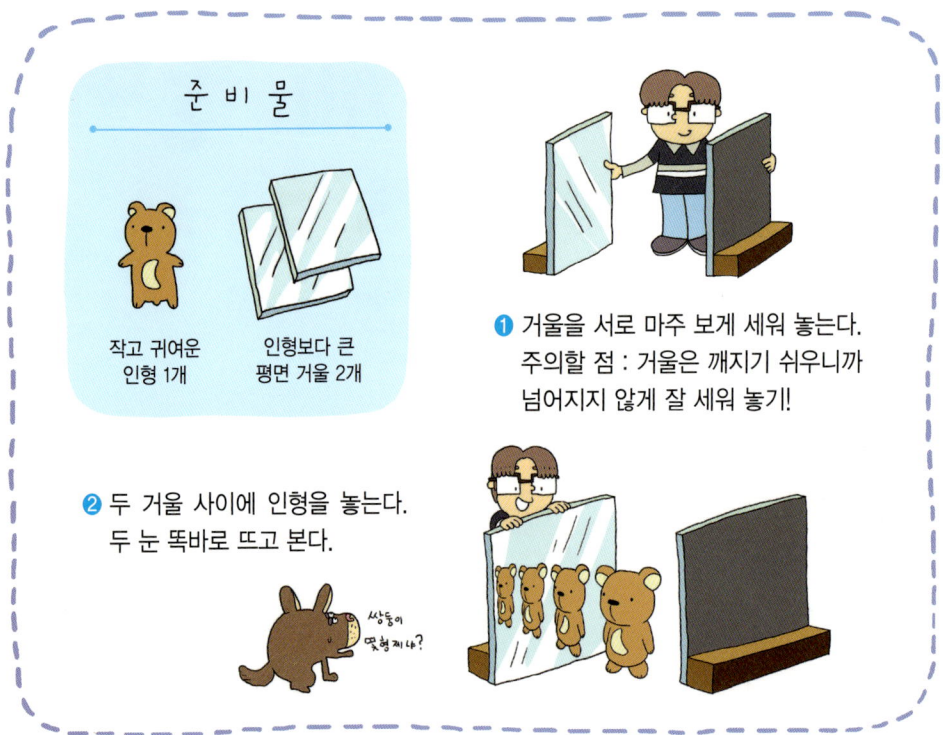

인형은 분명히 한 개밖에 없었는데, 거울 사이로 보니 어느새 수많은 인형들이 나를 보고 웃고 있네. 인형의 모습이 한쪽 거울에 반사되어 보이게 되고, 그 모습이 다시 반대편 거울에 반사, 또 반사, 반사……. 이렇게 계속 서로서로 반사되면서 무수히 많은 인형이 생기게 되는 거야. 아파트 엘리베이터를 타 보면 간혹 양쪽으로 거울이 붙어 있는 경우가 있지? 그럼 때를 놓치지 말고 잘 살펴봐. 양쪽에 있는 거울 속에서 무수히 많은 나를 발견하게 될 테니까……. 으ㅎㅎㅎ~. 아니, 갑자기 왜 소름이 끼치고 그러지?

❷ 수평 만들기 놀이

자와 동전을 이용해서 수평 만들기 놀이를 해 봐. '지레의 법칙'을 이용하면 아주 쉽게 수평을 만들 수 있지. 자, 그럼 시작해 볼까?

어때? 동전의 개수가 많아질수록 수평을 만들기 위해서는 점점 가운데로 동전을 옮겨야 되지? 바로 '지레의 법칙'을 그대로 이용한 거야. 이런 원리를 이용해 한쪽에는 무게를 재고자 하는 물건을 놓고, 다른 한쪽에는 무게를 아는 추를 올려 놓아 수평을 이루게 하여 물건의 무게를 재는 도구를 양팔 저울이라고 하잖아? 그러니까 저울도 지레의 원리를 이용한 거라는 사실!

요리랑 함께 하는 신기한 놀이

❶ 알록달록 신기한 꽃 만들기

무슨 색 꽃을 좋아해? 빨간색? 노란색? 그럼 지금 당장 따라 해 봐. 양배추 지시약을 이용하면 알록달록 신기한 꽃을 만들 수 있거든.

와, 진짜 신기하지 않니? 양배추 지시약을 뿌리자마자 스르르~ 알록달록 여러 가지 색깔이 나타나며 신기한 꽃으로 변하는 마법이 펼쳐지지. 그 비밀은 간단해. 양배추 지시약을 뿌리면 강한 산성인 레몬즙은 붉은색으로, 약한 산성인 사이다는 분홍색으로, 약한 염기인 수돗물은 푸른색으로, 그리고 강한 염기인 비눗물은 녹색으로 변하기 때문이지.

❷ 비눗물 비밀 편지

레몬즙 비밀 편지에 이은 또 하나의 신기한 비밀 편지! 바로 비눗물을 이용하는 거야. 지금 따라 해 봐.

내 마음은 잘 전해질까? 양배추 지시약을 쓰면 비눗물은 염기성이니까 녹색 글씨가 스르르 나타나. 물론 이 편지를 보는 방법에는 여러 가지가 있어. 메틸 오렌지를 쓰면 노란색, 페놀프탈레인을 쓰면 빨간색. 편지 받은 친구가 어떤 지시약을 쓰느냐에 따라 다른 색깔의 편지를 받아 볼 수 있게 되지. 그런데 훨씬 더 쉬운 방법도 있어. 그냥 물에 넣어 봐. 그러면 투명한 글씨가 스르르~ 어때? 정말 신기하지?

❶ 단풍나무 씨 만들어 날리기

단풍나무 씨에는 바람을 타고 멀리까지 날아가게 해 주는 날개가 달려 있어. 그런데 궁금하지 않니? 왜 날개가 있으면 멀리 날 수 있는지. 자, 그럼 따라 해 봐.

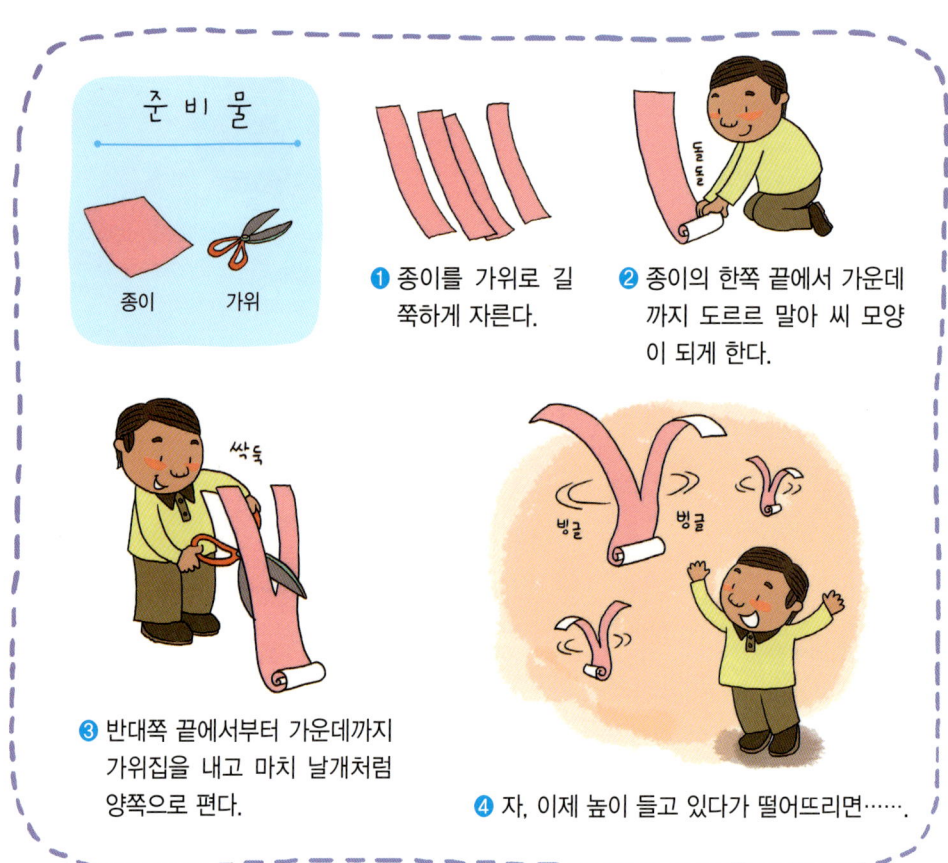

준비물: 종이, 가위

❶ 종이를 가위로 길쭉하게 자른다.
❷ 종이의 한쪽 끝에서 가운데까지 도르르 말아 씨 모양이 되게 한다.
❸ 반대쪽 끝에서부터 가운데까지 가위집을 내고 마치 날개처럼 양쪽으로 편다.
❹ 자, 이제 높이 들고 있다가 떨어뜨리면……

종이는 마치 헬리콥터의 프로펠러처럼 뱅글뱅글 돌면서 천천히 떨어져. 떨어지는 모습이 참 재미있지? 이렇게 단풍나무 씨는 두 날개가 달려 있어서 빙글빙글 돌면서 바람을 타고 멀리 날아가 떨어진다는 사실! 어때? 정말 신기하지?

② 도꼬마리 열매 다트 게임

 도꼬마리, 도깨비바늘, 도둑놈의갈고리 등은 열매나 씨가 털이나 옷에 잘 달라붙어서 멀리까지 이동할 수 있어. 이렇게 잘 달라붙는 성질을 이용해서 재미있는 게임을 해 볼까?

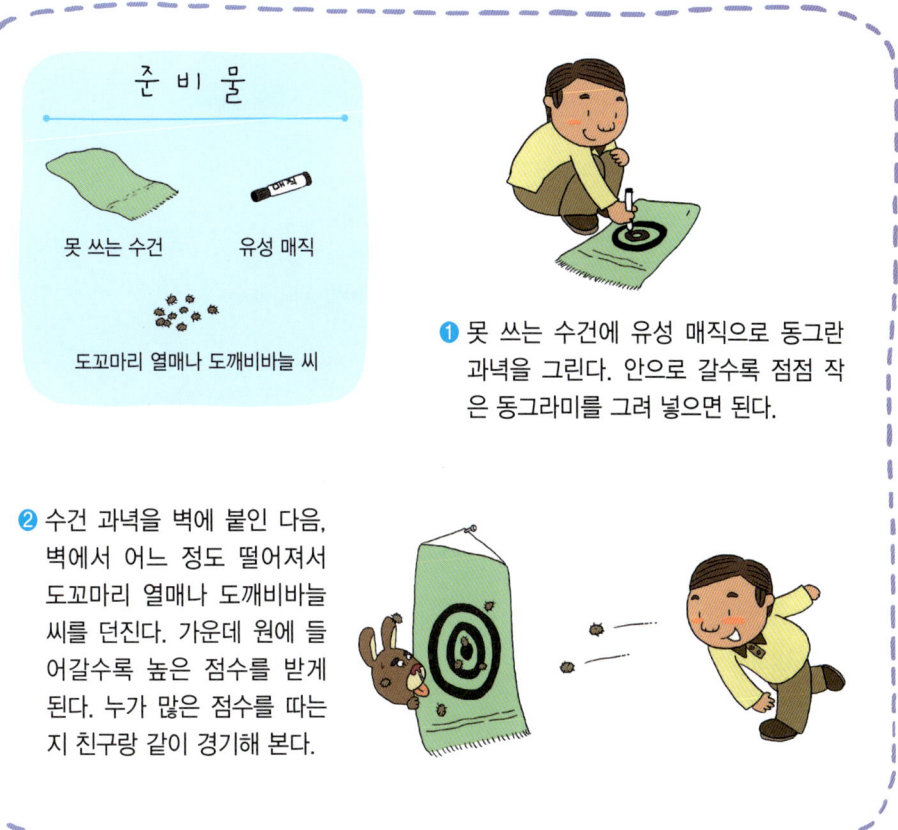

준비물: 못 쓰는 수건, 유성 매직, 도꼬마리 열매나 도깨비바늘 씨

❶ 못 쓰는 수건에 유성 매직으로 동그란 과녁을 그린다. 안으로 갈수록 점점 작은 동그라미를 그려 넣으면 된다.

❷ 수건 과녁을 벽에 붙인 다음, 벽에서 어느 정도 떨어져서 도꼬마리 열매나 도깨비바늘 씨를 던진다. 가운데 원에 들어갈수록 높은 점수를 받게 된다. 누가 많은 점수를 따는지 친구랑 같이 경기해 본다.

 가시가 많아 옷에 잘 붙는 열매나 씨를 이용해서 하는 다트 놀이야. 실제로 우리 생활에서도 바로 이 원리를 이용해 '찍찍이'라고 부르는 '벨크로'를 만들어 쓰고 있지. 작은 것도 잘 관찰해 새로운 것을 만들어 내는 지혜! 정말 놀랍지 않니?

혜성이랑 함께 하는 신기한 놀이

① 그림자놀이

아주 쉽게 할 수 있는 그림자놀이지만 빛의 높이에 따라 그림자의 길이가 어떻게 변하는지 눈으로 바로 확인할 수 있는 재미있는 놀이야.

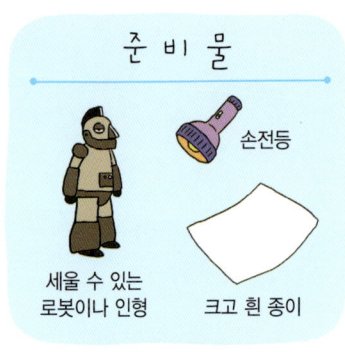

❶ 크고 흰 종이를 깔고 가운데에 로봇이나 인형을 세워 놓는다.

❷ 방안이 깜깜해지도록 불을 끈다. 그래야 그림자를 잘 관찰할 수 있으니까.

❸ 손전등을 로봇의 머리 위쪽에서부터 옆으로, 다시 위쪽으로 왔다 갔다 하면서 그림자의 길이가 어떻게 변하는지 본다.

어때? 손전등을 로봇의 머리 위쪽으로 올릴수록, 즉 빛이 높이 있을수록 그림자가 짧게 생기고, 반대로 손전등을 옆으로 내릴수록, 즉 빛이 낮게 있을수록 그림자가 길게 생기는 걸 볼 수 있지. 자, 빛의 높이에 따라 달라지는 그림자의 길이 변화, 이젠 확실히 알겠지?

2 해시계 만들기

사람이 최초로 만든 시계가 뭔지 알아? 바로 해시계야. 햇빛에 드리우는 그림자의 위치로 시간을 표시한 거지. 그럼 우리도 한번 만들어 볼까?

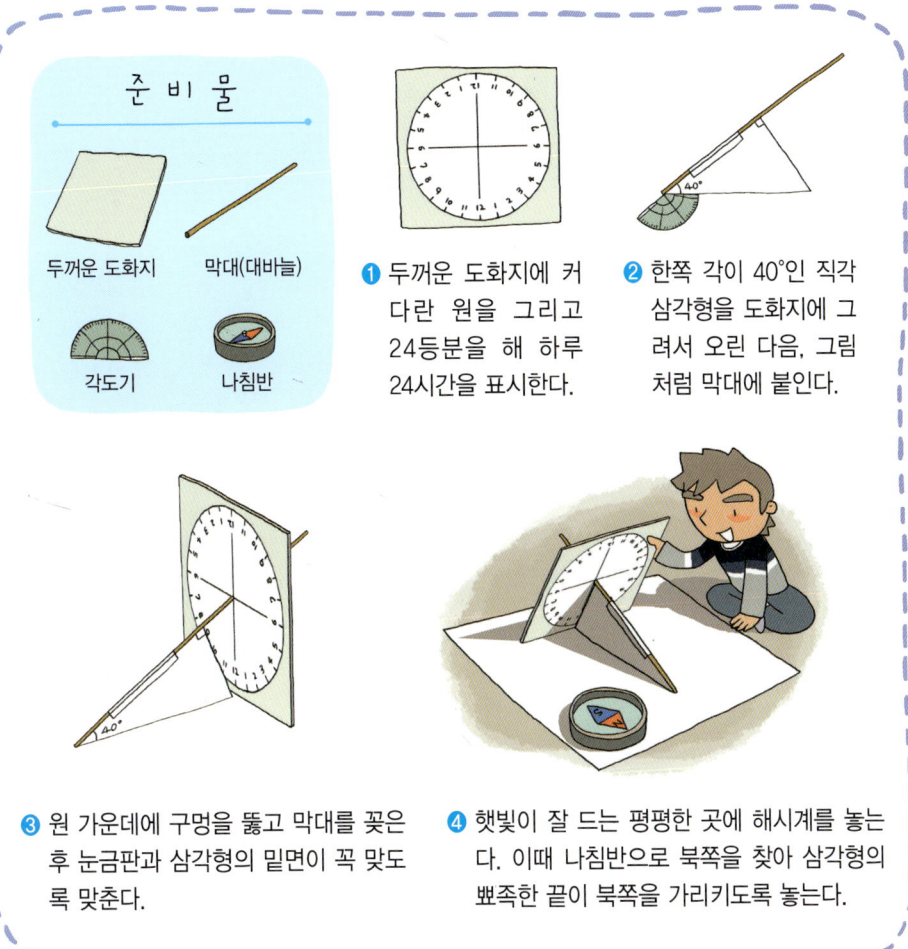

① 두꺼운 도화지에 커다란 원을 그리고 24등분을 해 하루 24시간을 표시한다.

② 한쪽 각이 40°인 직각 삼각형을 도화지에 그려서 오린 다음, 그림처럼 막대에 붙인다.

③ 원 가운데에 구멍을 뚫고 막대를 꽂은 후 눈금판과 삼각형의 밑면이 꼭 맞도록 맞춘다.

④ 햇빛이 잘 드는 평평한 곳에 해시계를 놓는다. 이때 나침반으로 북쪽을 찾아 삼각형의 뾰족한 끝이 북쪽을 가리키도록 놓는다.

우아, 이게 뭐야! 잘 봐. 눈금판 위에 표시된 숫자에 드리워진 삼각형의 그림자가 현재의 시간을 알려 주잖아! 바로 해시계가 된 거지! 삼각형의 한쪽 각을 40°로 한 이유는 우리나라의 위도가 약 40°이기 때문이야.

찾아보기

ㄱ
거울 22
광섬유 센서 시스템 114
광원 38
그림자 39
기중기 150

ㄴ
남중 고도 133

ㄷ
도구 156
도꼬마리 94, 104

ㅁ
만화경 17

ㅂ
반달곰 78
반사 39
반사각 39
반사의 법칙 39
받침점 157

ㅅ
보일 67
볼록 거울 31, 41

산성 70
서양민들레 83
세퍼드 112
수소 이온 농도 지수 72
스위치 147
CCTV 29
씨 102

ㅇ
아말감 22
안토시안 62
양팔 저울 169
연단 22
염기성 70
오목 거울 40
용액 70
일 156
일의 원리 156
입사각 39

ㅈ
자전 132
자주색 양배추 62
작용점 157
중성 70
중화 68
지레 157
지레의 법칙 159
지시약 67, 71
직진 38

ㅋ
캐럿 109

ㅌ
태양 고도 133

ㅍ
pH 72

ㅎ
해시계 175
힘점 157